Christa Mulack

Im Anfang war die Weisheit

Feministische Kritik des männlichen Gottesbildes

Kreuz Verlag

CIP-Titelaufnahme der Deutschen Bibliothek

Mulack, Christa:
Im Anfang war die Weisheit: feminist. Kritik d. männl.
Gottesbildes / Christa Mulack. – 1. Aufl. –
Stuttgart: Kreuz-Verl., 1988
ISBN 3-7831-0946-9

1. Auflage 1988
Kreuz Verlag Stuttgart
Umschlaggestaltung: HF Ottmann
Gesamtherstellung: Clausen & Bosse, Leck
ISBN 3 7831 0946 9

Inhalt

Einleitung

Im Anfang war die Weisheit... jene weibliche Kraft, die alles Leben hervorbrachte und die bis heute unsere Welt im Innersten zusammenhält. In allen Religionen und Kulturen wurde sie als die Mutter allen Lebens verehrt, die durch ihr Walten auf allen Ebenen kosmischen und irdischen Seins für Ausgleich und Harmonie sorgte. Im Symbol des Kreises veranschaulicht sie das Allumfassende sowie die alles hervorbringende Energie, die als Tao und Ruah, als Maat und Metis, als Chochma und Sophia erfahren wurde – um nur einige ihrer vielen Namen zu nennen. Als Mandala erscheint sie den Menschen bis heute in Träumen und Visionen als Bild innerseelischer Ordnung. Sie ist Alpha und Omega (Symbole einer Gebärenden!), Anfang und Ende.

Doch will sie als solche auch erkannt und im Handeln des Menschen verwirklicht werden. Das aber geschieht seit Jahrtausenden immer weniger.

Wie die Griechen berichten, wurde die Weisheit (Metis) einst von Zeus verschlungen. Mit anderen Worten: Die Zeuspriester machten sich zu ihren Stellvertretern auf Erden und setzten *ihren* Gott an den Anfang. Ähnliches geschah weltweit.

Nachdem die Priorität des Weiblichen erfolgreich geleugnet werden konnte, da sie ins Unbewußte zurückgedrängt worden war, machten männliche Götter die ihnen vorausgehenden weiblichen Gottheiten zu ihren Töchtern – wenn sie sie nicht ganz vernichteten, wie es von der babylonischen Tiamat berichtet wird, die durch ihren Enkelsohn Marduk ums Leben kommt. Im Zuge männlicher Machtergreifung wird die ägyptische Maat zur Tochter Amun-Res; aus der von Zeus verschlungenen Metis entsteht Athene, die stolze Tochter des Zeus, die von keiner Mutter mehr weiß, und in der jüdischen Überlieferung wird die alte Weisheitsgöttin zur Tochter und Gespielin Jahwes, im Christentum wird schließlich Sophia zum Logos.

Auf diese Weise wird dem freien Walten göttlicher Weisheit ein Ende bereitet. Statt dessen wird sie vor den zweifelhaften Karren patriarchaler Notwendigkeit gespannt; denn fortan rühmen sich Götter ihrer. Die weibliche Weisheitstradition wurde zerstückelt, entfremdet und verdrängt. Nur im Untergrund konnte sie gehütet und weiterentwickelt werden. Die Toren dieser Welt haben sich der Stimme von »Frau Weisheit« verschlossen. *Wie* erfolgreich ihre Vernichtungsaktionen gegen sie waren, zeigt der Zustand dieser Welt, deren Ungleichgewicht nunmehr durch das Gleichgewicht des Schreckens ersetzt wird.

Dennoch ist es Theologen auch heute noch möglich, von einer *Heils*geschichte zu reden, in der sie meinen, das Walten jenes sekundären männlichen Prinzips zu erkennen, dem ihre Vorfahren einst zur Herrschaft verhalfen. Andererseits wird aber auch die Zahl der Frauen (und Männer!) immer größer, deren dumpfes Unbehagen sich in immer klarere Erkenntnis verwandelt und die das Unrecht männlicher Machtergreifung nicht länger mitzutragen gewillt sind. Sie machen sich auf den Weg; sie lassen das Denkgebäude der Väter hinter sich und folgen der Stimme der Weisheit, die ihnen eine neue Welt eröffnet und ihre jahrelang gehegten Zweifel an männlicher Überlegenheit als berechtigt bestätigt.

Mit dem vorliegenden Buch, das aus verschiedenen Vorträgen hervorgegangen ist, versuche ich, den Weg dieses Aufbruchs nachzuzeichnen, zu begleiten oder aber auch vorzubereiten – je nachdem, wo sich die Leserin oder der Leser gerade befinden. In jedem für sich abgeschlossenen Vortrag wird dieser Aufbruch erneut vollzogen und begründet. Auf diese Weise möchte ich durchschaubar machen, woher unser (nicht nur) religiöses Unbehagen kommt und wie wir es überwinden können, ohne uns unserer Tradition vollends entledigen zu müssen. Gleichzeitig möchte ich all jenen theologische Argumentationshilfen bieten, die mich auf Tagungen und in Briefen immer wieder darum gebeten haben – geht es ihnen doch darum, ihre Erkenntnis auch formulieren und mit anderen teilen zu können.

So ist dieses Buch auch als eine Einführung in die feministische Theologie zu verstehen, als eine Beschreibung ihres Ursprungs und ihrer Wirkung, ihrer Fragestellungen und Arbeitsweisen, ihrer Erkenntnisse und ihrer Antworten, die im letzten Vortrag noch einmal zusammengefaßt werden. Zugleich geht es aber auch darum, sich den Vorwürfen zu stellen, die immer wieder gegen sie erhoben werden.

Der Gotteskomplex und seine Folgen

Vorbemerkungen

Vielleicht sind Sie sich gar nicht darüber im klaren, wie schlimm das Thema ist, dem ich mich gewidmet habe und mit dem ich ganz sicher einige Aggressionen auf mich ziehen werde. Es ist nämlich meistens so, daß diejenigen, die etwas aufdecken, schlecht dastehen und nicht jene, die etwas Schlimmes verursachen oder dazu beitragen. »Du sollst nicht merken«, lautet nach Alice Miller die Parole jener Zeit, die den Gotteskomplex verursacht hat, angefangen beim göttlichen Verbot, vom Baum der Erkenntnis zu essen, bis über Watergate und andere politische Männeraffären der Gegenwart.

Ich spreche zu Ihnen als Feministin, was heißt, daß mein Ansatz männerkritisch ist. Daß ein solcher Ansatz von vielen als männerfeindlich empfunden wird, nehme ich dabei in Kauf. Dennoch empfehle ich Ihnen, hier ein wenig zu differenzieren. Gleichwohl sollten wir die Erkenntnis nicht verdrängen, daß jenes Gottesbild mit seinen komplexen Folgen ausschließlich von Männern gemacht und verkündet wurde. Es bedurfte erst der feministischen Theologie, um dieses Faktum in Betracht zu ziehen mit den dazugehörigen Schlußfolgerungen. Wenn ich also männerkritische Aussagen mache und damit aus Ihrer Sicht kein gutes Haar mehr an den armen Männern lasse, so denken Sie als Frau bitte nicht nur daran, daß Sie in Ihrer Ehe doch gar nicht unterdrückt werden und vielleicht auch noch einen lieben Vater hatten oder daß Sie als Mann doch gar kein Chauvi sind. Das ist nun wirklich nicht gemeint. Es geht vielmehr um die Entlarvung eines Systems, eines Glaubens- und Denkgebäudes wie auch eines Gesellschaftssystems, an dem jahrtausendelang ausschließlich Männer gebaut haben, da Frauen bei dieser Arbeit nicht erwünscht waren. Unter der Regie des Mannes wurden »männlich« und »weiblich« zu Kategorien, die ein Geschlecht systematisch auf-, das andere hingegen abwerteten. So global lassen sie sich heute selbstverständlich nicht mehr in jedem Fall auf Frauen und Männer übertragen. Oft wird der Vorwurf laut, wir Feministinnen verursachten eine Polarisierung der Geschlechter. Richtig ist vielmehr, daß wir eine Polarisierung aufdecken, die wir nicht verursacht haben. Daß das adamitische System den Evas den Schwarzen Peter zuschiebt, ist eine altbekannte Tatsache – so alt wie die Bibel. Sollte es wirklich unser Anliegen sein, Geschlechterpolarisierungen abzuschaffen, so müssen wir sie in einem ersten Schritt doch erst einmal aufdecken und bewußtmachen. Das geht allerdings nicht nach dem Motto: Wasch mich, aber mach mich bitte nicht naß, wie es einige wohl gerne hätten. Wer sich dabei angegriffen und verletzt fühlt, sollte nicht gleich die Verantwortung bei mir suchen, sondern sich erst einmal selbst auf die Spur kommen.

Wenn ich gleich vom Gotteskomplex und damit natürlich auch von Gott reden werde, so muß Ihnen klar sein, daß damit selbstverständlich immer nur Gottesbilder gemeint sein können, die mehr oder weniger Anteil am Göttlichen selbst haben. Oft fühlen sich Menschen in ihrem persönlichen Glauben gekränkt, wenn die Monstrosität patriarchaler Gottesaussagen zur Sprache kommt. Wenn ich also von Gott rede, dann meine ich damit ganz bestimmte, von Männern gemachte Aussagen über das Göttliche, die zu einer historisch wirksamen Macht geworden sind und die es Menschen verwehrt haben, ihre Gültigkeit für sich selbst zu überprüfen. Ob Ihr individuelles Gottesbild davon heute noch betroffen ist, mag dahingestellt bleiben. Das kann ich nicht beurteilen. Darum geht es aber auch gar nicht. Ich höre oft den Einwand: Für mich ist Gott Geist und jenseits aller Geschlechtlichkeit. Nun, das mag für einzelne zutreffen, doch aufs Ganze und historisch gesehen, war und ist das eben nicht der Fall. Es wurden ganz massive, rein männliche Bilder von Gott geprägt und mit ihnen Machtpolitik betrieben. Mit ihnen haben wir es bis heute zu tun, denn sie hatten nicht nur politisch-soziale, sondern auch psychische Folgen. Und hier soll es ja um jene Bilder gehen, die neurotische Komplexe verursacht haben.

Daß es im Hinblick auf die Gottes- und Geschlechterproblematik zu Verallgemeinerungen kommen muß, liegt in der Natur der Sache und sollte mir nicht angekreidet werden, denn schließlich geht es ja um die Beschreibung allgemeiner Situationen, um allgemeine Tendenzen, die ich über Jahrtausende hinweg verfolge, so daß eine differenzierte Betrachtungsweise ausgeschaltet ist.

Da ich in einer Stunde das Thema des Gotteskomplexes nicht umfassend erörtern kann, habe ich mich auf sieben Aspekte dieses Komplexes beschränkt, die ich dennoch nicht gründlich genug beleuchten kann.

Diese Aspekte sind:

1. Die *Entgöttlichung der Natur*, die auf dem Wege der Entmythisierung der Welt und des Kosmos eingeleitet wurde. Auf diese Tat sind Theologen heute noch stolz und verweisen dabei auf den ersten Schöpfungsbericht. Da werden die orientalischen Himmelsgottheiten mit einem Streich zu Beleuchtungskörpern, zu Lampen degradiert, die Jahwe an den Himmel setzte. Solcher Entweihung der Natur folgt die Respektlosigkeit auf dem Fuße. Steht Gott außerhalb der Natur, so befindet sich dort auch der Mann, der sich jenes göttliche Gebot holt, das ihn dazu auffordert, sich die Erde untertan zu machen – und dazu gehören dann selbstverständlich auch Frauen und Kinder.

2. Der zweite Aspekt ist die *Entweiblichung des Göttlichen* und damit gleichzeitig die Entgöttlichung des Weiblichen, denn die Diffamierung und Dämonisierung der Göttin führte letztendlich zur Diffamierung und Dämonisierung des weiblichen Geschlechts, die dann ihren Höhepunkt in den Hexenverbrennungen fand. Sie führt aber auch zum Bilderverbot und damit zur Abwertung der bilderschaffenden Seele oder – modern gesprochen – zur Abwertung der rechten Hirnhälfte, die allgemein als die weibliche angesehen wird.

3. Ganz eng damit verbunden ist der dritte Aspekt, die *Entsexualisierung des Göttlichen* und damit die Entweihung der Sexualität sowie die Dämonisierung des Körpers und der Materie. Geist und Materie, von denen wir heute wissen, daß sie zusammengehören, wurden getrennt und gegeneinander ausgespielt. Materie, Natur, Körperlichkeit und Sexualität wurden im Bereich des Sündhaften, Bösen angesiedelt und dem weiblichen Geschlecht zugeschlagen, während alles Geistige zum Göttlichen gehörte, als gut angesehen und dem männlichen Geschlecht zugesprochen wurde.

4. Daraus folgt automatisch die *Verabsolutierung des Männlichen*, die das Göttliche zu einer reinen Männerprojektion machte. Männliches Denken und Fürwahrhalten, Reden und Fühlen beherrschen seit Jahrtausenden die Welt. Der Sieg des Logos über den Mythos wurde gefeiert ebenso wie der Sieg der Wissenschaft über die Weisheit; beides zu Unrecht, wie wir heute mehr und mehr spüren. Die Folgen dieses geistigen Umschichtungsprozesses sind zwischenzeitlich bis zu den theologischen Elfenbeintürmen durchgedrungen, und so besinnt man sich auf den verlorengegangenen Mythos im Dienste einer narrativen Theologie.

5. Ein weiterer Aspekt ist das *Erwählungsdenken*. Die Herrschaft durch ein auserwähltes Geschlecht führt geradewegs zum auserwählten Volk (Rasse, Nation, Ideologie), das andere Völker und Rassen zu Heiden oder aber auch zu Untermenschen erklärt und nur noch die eigene Ideologie für erhaltenswert erachtet.

6. Solche Intoleranz ist eines der auffallendsten Produkte des *Monotheismus* – ein weiterer Aspekt patriarchaler Herrschaft westlicher Prägung. Bis heute sind Theologen stolz auf den jüdisch-christlichen Ein-Gott-Glauben, mit dem sie die Vielfalt des Seins zu beschneiden und in den Griff zu bekommen suchen und damit das ausgrenzende Freund-Feind-Denken auch weiterhin fördern.

7. Als siebenten und letzten Aspekt möchte ich das *lineare Geschichtsbewußtsein* aufgreifen, das Theologenherzen bis heute mit Stolz erfüllt, da es ein so enormer Fortschritt gegenüber dem zyklisch-spiraligen Weltbild älterer Epochen, das heißt primitiver Kulturen, zu sein scheint. Geht es im zyklischen Bewußtsein um die ewige Wiederkehr des Gleichen, so gibt es im linearen Denken einen Anfang und ein Ende. Der Anfang wird ganz willkürlich gesetzt – so meinen Gläubige, Gott habe die Welt am 22. Oktober des Jahres 4004 vor Christus geschaffen –, und beim Ende ist mann sich noch nicht ganz einig, wann es stattfinden soll. Die Vorbereitungen laufen jedenfalls auf Hochtouren.

Selbstverständlich sind diese sieben Aspekte aufs engste miteinander verknüpft und wurden hier nur zwecks Bewußtmachung ihrer enormen Folgen getrennt dargestellt. Damit möchte ich meine Vorbemerkungen beenden und nun mein eigentliches Referat mit einem Märchen von WILHELM BRUNERS beginnen.

Als die Macht und die Liebe sich trennten[1]

Im Anfang der Zeit war es so:

Die Macht und die Liebe wurden als Zwillinge geboren. Ihre Mutter war die Weisheit, ihr Vater der Mut. Die Geschwister wuchsen glücklich miteinander auf, und überall, wo sie hinkamen, stifteten sie Frieden zwischen den Parteien und Völkern. Sie verteilten die Güter dieser Welt gerecht, sie machten die Armen reich und die Reichen glücklicher. Die Macht und die Liebe waren ein Herz und eine Seele, und fanden sie in den Häusern der Menschen Platz, so änderte sich alles zum Guten.

Eines Tages begegneten sie dem Neid. Er hatte sich fein herausgeputzt und sah recht stattlich aus. Sein Gewand glitzerte in der Sonne, und sein Geschmeide funkelte nur so im Licht.

»Ich sehe dich stets im Schatten der Liebe gehen«, sagte der Neid zur Macht. »So kannst du nie etwas werden. Geh mit mir! Da wirst du größer und stärker. Du sollst sehen, die Menschen werden dir die Hände und Füße küssen, sie werden dir schmeicheln und dir Opfer darbringen, sie werden dir ihre Seele verkaufen, nur um dich zu besitzen.«

Die Macht war wie geblendet. Sie dachte eine Weile nach. Dann sagte sie zur Liebe: »Der Neid hat recht. Laß uns für eine Zeit auseinandergehen. Wenn wir uns trennen, kann sich jede von uns selbständig entwickeln. Keine ist mehr von der anderen abhängig, keine braucht mehr auf die andere Rücksicht zu nehmen. Ich werde derweil beim Neid in die Lehre gehen. Vielleicht treffen wir uns später einmal wieder.«

Ehe die Liebe antworten konnte, waren die Macht und der Neid schon hinter der nächsten Ecke verschwunden. Die Liebe sah noch, wie der Neid der Macht den Vortritt ließ. Ohnmächtig stand nun die Liebe am Wegrand und weinte. Sie erlebte sich schwach und kraftlos ohne die Macht. Sie spürte, wie sie allein nicht leben konnte. Wie ein Schatten legte sich die Angst auf sie, die Angst, sich zu verirren, zu verletzen und nicht verstanden zu werden.

Die Macht fühlte sich unterdessen frei und ungebunden. Der Neid störte sie nicht, weil er immer einen Schritt zurückblieb und ihr den Vortritt ließ. Die Macht merkte, wie sie dabei größer und größer wurde. Aber mit ihrer Größe wuchs auch ihre Kälte. Es gefiel ihr, wenn sich Menschen vor ihr verkrochen oder ihr alles opferten, um sich mit ihr zu verbünden.

Sie bestieg einen großen Thron und ließ sich über die Köpfe der Menschen tragen. Sie genoß es, umjubelt zu werden.

Die Macht hatte die Liebe bald vergessen. Sie umgab sich mit Waffen und Soldaten. Sie raubte den Armen den Frieden und vertrieb sie aus ihrer Heimat. Nur wer ihr die Seele verkaufte, durfte sich in ihrer Nähe aufhalten und sicher fühlen. Hinter ihr aber folgte stets der Neid.

In der Welt wurde nun alles anders. Die Kriege unter den Menschen nahmen an Heftigkeit zu. Die Liebe war zu ohnmächtig, um sie zu verhindern. Viele erkannten sie auch nicht wieder und verwechselten sie mit dem Egoismus oder mit der Schwäche. Sie hatte nicht mehr die Kraft, das Böse in die Schranken zu weisen. Habgier und Gleichgültigkeit wuchsen. Die Natur wurde ausgeplündert und zertreten. Es wurde dunkler und kälter in der Welt. Menschen und Tiere begannen zu frieren. Sie wurden krank und starben einsam dahin.

Da beschloß die Liebe, die Macht zu suchen, und sie machte sich auf, auch wenn der Weg weit war.

Eines Tages begegneten sie sich auf einer Kreuzung. Die Macht kam groß und gewaltig daher. Vor ihr und hinter ihr waren Wächter, bis an die Zähne bewaffnet, die sie beschützen mußten. Die Macht sah dunkel aus. Sie war eingehüllt in einen dicken, schweren Mantel. Ihr Gesicht war kaum noch zu sehen. Der Mantel aber war über und über mit Orden behaftet. Rechts und links trug man ihre Titel, damit die Menschen vor ihr in die Knie gingen.

Die Liebe nahm ihren ganzen Mut und ihre ganze Weisheit zusammen, die sie von ihren Eltern geerbt hatte, und stellte sich der Macht in den Weg.

»Du siehst unglücklich aus«, sagte die Liebe und blickte der Macht gerade ins Gesicht. »Deine Augen sind finster. Früher hast du gestrahlt und warst schön.«

»Geh mir aus dem Weg«, sagte die Macht, »ich kenne dich nicht.«

»Erinnerst du dich nicht«, sagte die Liebe, »wie wir miteinander durch die Welt zogen? Du trugst ein leichtes Kleid, du konn-

test tanzen und springen, du liefst mit mir zu den Menschen, und sie alle nahmen uns mit offenen Armen auf. Wir konnten Frieden stiften, und alle hatten alles gemeinsam. Du warst mit mir mächtig ohne Waffen. Du brauchtest dich nicht zu schützen, und hinter dir zog nicht der Neid. Laß uns wieder miteinander gehen. Schick sie alle weg, die dich jetzt umgeben und fernhalten von den Menschen und von mir. Auch ich brauche dich, denn ohne dich bin ich schwach und ohnmächtig. Ohne dich glauben mir die Menschen nicht. Die Menschen lachen mich aus, sie verletzen und mißbrauchen mich.«

Während die Liebe diese und andere Worte sprach, wurde die Macht immer wärmer. Und weil auch die Macht ein Kind der Weisheit und des Mutes war, taute sie langsam auf und wurde kleiner und kleiner, bis sie wieder so groß war wie die Liebe. Da glitt der Mantel von ihrer Schulter, und die Orden zersprangen am Boden. Die Wächter fielen wie tot um, und die Titel flogen im Wind davon.

Ehe sich die Liebe und die Macht versahen, standen sie sich allein gegenüber. Da lachten sie einander zu und fielen sich in die Arme. Der Neid, der die Macht begleitet hatte, war gewichen, und von der Liebe war der Schatten der Angst geflohen.

Seither gehen sie wieder miteinander, die Liebe und die Macht, und sie sind stark geworden, die beiden. Und wenn du sie triffst, dann halte sie fest und warte, bis ich komme, damit ich mit euch ziehen kann.

Wir werden wohl vergeblich nach ihnen Ausschau halten; denn die Verschränkung von Liebe und Macht finden wir nicht in den Straßen des christlichen Abendlandes. Dort wurde die Liebe zur Ohnmacht verdammt und als solche an das weibliche Geschlecht delegiert, derweil sich das männliche um die Macht kümmerte und sie zu mehren suchte, indem es ihr alle nur erdenklichen Opfer darbrachte – nicht zuletzt auch die Liebe . . .

. . . und das, obwohl doch das Christentum angeblich seit 2000 Jahren einen Gott der Liebe verehrt und verkündet, den Vater Jesu Christi. Da kann doch etwas nicht stimmen!

Horst Eberhard Richter hat in seinem Buch »Der Gotteskomplex« dargelegt, wie sich im christlichen Abendland während des Mittelalters jener Wandel zu vollziehen begann, der letztendlich in den von ihm beschriebenen Gotteskomplex ausartete. Nach seiner Analyse verminderte sich in dieser Zeit das Gefühl kindlichen Beschütztseins zunehmend, während umgekehrt das Bedürfnis wuchs, sich eigene Machtmittel anzueignen, um die aus dem mangelnden Gefühl des Beschütztseins resultierende Stimmung der Unheimlichkeit zu bannen. Gleichzeitig verstärkte sich die Angst vor dem strafenden Gott, so daß ein unauflöslicher Teufelskreis entstand.

»Anwachsende Geborgenheitsunsicherheit im Verhältnis zu Gott erzwang einen Ausgleich durch narzißtische Selbstsicherung. Jede Erweiterung der eigenen Macht mußte indessen die Gefahr göttlicher Rache erhöhen, wodurch neue Ängste freigesetzt und wiederum zusätzlich überkompensatorische Abwehrmaßnahmen erforderlich wurden. Das heißt, der einmal eingeleitete Prozeß der Ablösung aus der vollständigen Unmündigkeit und Passivität enthielt von vornherein die Tendenz zu einem rasanten Umschlag ins Gegenteil, in die Identifizierung mit der göttlichen Allwissenheit und Allmacht.«[2]

Und dann fährt RICHTER fort, den Prozeß der Flucht aus narzißtischer Ohnmacht in die narzißtische Allmacht näher zu beschreiben. Verschleiert wurde dieser Prozeß durch immer neue rationalisierende Theorien. Mit dem Einläuten der modernen Wissenschaft wollte man angeblich Gott näherkommen. Man glaubte, ihn in der Schöpfung zu finden, wenn man die Natur zerlegte, um ihr auf die Schliche zu kommen.

So richtig die Analyse RICHTERS im Detail auch sein mag, so geht sie doch aus meiner Sicht am Wesentlichen vorbei. Das liegt daran, daß RICHTER, der Psychoanalytiker, sich selbst als Mann mit all den damit verbundenen Beschränkungen nicht im Blick hat, und so spricht er laufend vom *Menschen*, wenn er den *Mann* meint. *Dieser* Art des Allmachtswahns jedoch geht er nicht auf den Grund, ja er nimmt ihn nicht einmal wahr. Er analysiert nämlich nicht die mittelalterliche und neuzeitliche Problematik Mensch – Gott, sondern lediglich die Problematik Mann – Gott, denn an den von ihm aufgezeigten Problemen und Denkmustern hat die Frau keinen Anteil. Sie wurde von Anfang an von der Grundlegung unseres Wissenschaftsgebäudes und der Theologie ausgeschlossen. Folglich konnte sie auch nicht an dem mit ihnen verbundenen Allmachtsgefühl beteiligt sein, so daß die RICHTERsche Analyse für das weibliche Geschlecht nicht zutreffend sein kann. Aber auch für das männliche Geschlecht greift sie meines Erachtens viel zu kurz – ein Fehler, mit dem er sich allerdings in bester Gesellschaft befindet. RICHTER liefert auch gleich die Erklärung dafür, ohne sich allerdings ihrer wahren Reichweite bewußt zu sein. Wie er schreibt, waren es nicht nur seine individuellen Ängste, die ihn durch Verdrängung von vielen intensiven Verwurzelungen in der Vergangenheit trennten, einer Vergangenheit, die er nach dem Zweiten Weltkrieg als untergegangene Welt erlebte. Er war auch im Begriff, wie er schreibt, an einem falschen Leitbild von Normalität und Vollwertigkeit zu scheitern, das er mit seiner Umwelt teilte. »Ich wollte stabil und stark sein, aber nicht vergessen, was kaputtgegangen war bzw. was wir alle um uns und in uns aktiv kaputtgemacht hatten, aber beides konnte ich nicht miteinander vereinbaren.«

Was RICHTER hier als sein individuelles Problem beschreibt, trifft für die gesamte Patriarchatsgesellschaft zu. Wohl sieht er die Verdrängung von Verwurzelungen in seinem persönlichen Leben wie auch in seiner Umwelt, aber jene Verdrängung von Verwurzelungen, auf denen das patriarchale Welt- und Gottesbild basiert und die die eigentliche Ursache des Gotteskomplexes ist, scheint er nicht zu sehen. Wohl sieht er sein Scheitern an einem falschen Leitbild von Normalität und Vollwertigkeit, das er mit seiner Umwelt teilte; wodurch dieses falsche Leitbild allerdings *bewirkt* wurde und wo es in Wirklichkeit seine Wurzeln hat, kann er nicht sehen, da er den eigentlichen Allmachtswahn – das patriarchale Welt- und Gottesbild – nicht ausreichend thematisiert. Wohl erfährt er die Unvereinbarkeit des männlichen Bedürfnisses nach Stärke mit der Erinnerung daran, was sein Geschlecht in der inneren und äußeren Welt kaputtgemacht hat. Aber wie tiefgreifend dieser männliche Konflikt wirklich ist, scheint er gar nicht zu ahnen.

Bei H. E. RICHTER läßt sich exemplarisch aufzeigen, daß die männliche Art der Aufklärung und Bewußtmachung von Problemen in Wirklichkeit deren Verdrängung ist, da sie Symptome zu Ursachen erklären. Einerseits auf der ständigen Suche nach den Ursachen bestimmter Probleme, ist das Gros dieser Aufklärer doch unaufhaltsam darum bemüht, diese Ursachen zuzuschütten und am Eintreten in das Licht des Bewußtseins auf jede nur erdenkliche Art und Weise zu hindern. Wenige Männer wie zum Beispiel ERICH FROMM und ROBERT

Ranke-Graves, aber auch Briffault und Campbell, wie ansatzweise die Jung-Schule und vorher Bachofen haben dieses Manko männlich-patriarchalen Denkens durchschaut und immer wieder thematisiert. Sie alle gehen davon aus, daß unserem derzeitigen Patriarchat mit seinem sich allmächtig gebärdenden Männer-Gott an der Spitze ein Matriarchat mit einer Göttin als Urgrund allen Seins vorausging und daß unser derzeitiges Vorstellungs- und Denksystem als patriarchale Abspaltung von einer umfassenderen matriarchalen Struktur betrachtet werden muß.

Vielleicht sollte ich hier ganz kurz etwas zu diesen beiden Begriffen sagen, da vielfach das Matriarchat als simple Umkehrung des Patriarchats verstanden wird. Die Schlußfolgerung lautet dann: Genau wie im Patriarchat Frauen ihre Abwertung und Unterdrückung durch Männer erfahren, werden diese im Matriarchat durch Frauen unterdrückt. Auf diese Weise werden patriarchale Machtverhältnisse in frühere Jahrtausende zurückprojiziert.

Im matriarchalen Weltbild ist die Göttin der Urgrund des Seins, also »arche«. Nach unserem heutigen Verständnis kann dieser Begriff zweierlei bedeuten: zum einen die Herrschaft von oben, zum anderen aber ein zugrundeliegendes Prinzip. Dabei geht es nicht um das Überstülpen einer Autorität. Beim Matriarchat handelt es sich um eine selbstbestimmte Gemeinschaft, was heute noch lebende matriarchale Stämme zeigen. Das eigentliche Gegenstück zum Patriarchat ist daher nicht etwa das Matriarchat, sondern der Amazonenstaat. Dort herrschen in der Tat umgekehrte Verhältnisse, denn Männer werden von der Macht ferngehalten. Im Matriarchat dagegen wird der Mann integriert, ihm wird Verantwortung übertragen. Herrschaft in unserem Sinne ist hingegen nicht bekannt.

Könnte es nicht sein, daß die von Richter festgestellte Verminderung des Gefühls kindlichen Beschütztseins mit der Verdrängung der Göttin und dem Sieg des patriarchalen Monotheismus, der nur noch Gott-Vater und seinen Sohn im Bereich des Göttlichen zuließ, zusammenhängt? Fehlte da nicht die machtvolle weibliche schützende Kraft, die jedem Menschen aus der Kindheit so vertraut ist und die kaum ein Vater seinen Kindern vermitteln konnte? Bestätigung findet meine Vermutung im Buch des Propheten Jeremia. Er beschimpft die Flüchtlinge aus Jerusalem, die aus der belagerten Stadt nach Ägypten ausgewandert und dort zum Kult der Himmelskönigin zurückgekehrt sind. Dafür sollen sie umkommen. Doch die Menschen scherten sich nicht um die Haßtiraden des Propheten, sondern entgegneten ihm wie folgt: »Da antworteten dem Jeremia alle Männer, die doch wußten, daß ihre Weiber anderen Göttern räucherten, und die Weiber, die in großen Haufen dastanden, samt allem Volk, die in Ägyptenland wohnten und in Patros, und sie sprachen: Nach dem Wort, das du im Namen des Herrn uns sagst, wollen wir dir nicht gehorchen, sondern wir wollen tun nach allem dem Wort, das aus *unserem* Munde kommt. Und wollen der Himmelskönigin räuchern und ihr Trankopfer auftragen, wie wir und unsere Väter, Könige und Fürsten getan haben in den Städten Judas und auf den Gassen zu Jerusalem. Da hatten wir auch Brot genug, und es ging uns wohl, und wir sahen kein Unglück. Seit der Zeit aber, da wir aufgehört haben der Himmelskönigin zu räuchern und ihr Trankopfer darzubringen, haben wir allen Mangel gelitten und sind durch Schwert und Hunger umgekommen. Auch wenn wir der Himmelskönigin räuchern und wenn wir ihr Trankopfer darbringen, das tun wir ja nicht ohne unsere Männer, daß wir ihr Kuchen backen und Trankopfer darbringen, auf daß sie sich um uns bekümmere« (Jeremia 44,15–19, Luther-Übersetzung).

In diesen Worten wird deutlich, daß Jahwe von Anfang an nicht in der Lage war, den Menschen das Gefühl kindlichen Beschütztseins zu vermitteln, und daß die Frauen ihn bereits vor 2600 Jahren mit den heute noch brennenden Problemen des Krieges und des Hungers in Zusammenhang brachten. Das ist für mich der Ursprung, der deutliche Anbruch der feministischen Theologie. Sie ist also nicht erst in den letzten hundert Jahren aufgekommen, wie manche Leute meinen. Sie zieht sich vielmehr durch die Patriarchatsgeschichte. Der Jeremia-Text ist ein Beweis dafür. Aber natürlich wird sie auch immer wieder unterdrückt, wie der weitere Verlauf der Jeremia-Rede zeigt. Aus den Herzen der Frauen aber konnte ihr Anliegen immer nur vorübergehend verdrängt werden.

Kriege entstehen, weil ein Volk sich über das andere erhebt. Wie es dazu kommt, beschreibt die Hebräische Bibel recht deutlich. Ausgangspunkt des jüdischen Glaubens ist die *Erwählung* des israelitischen Volkes durch Gott den Herrn, der seine Kinder aus der ägyptischen Gefangenschaft durch die Wüste und schließlich in ein Land führte, in dem Milch und Honig fließen, in dem aber auch andere Menschen mit anderen religiösen Vorstellungen lebten. Trotzdem hatte der Gott Israel, seinem Volk, verheißen, er wolle ihnen große und feine Städte geben, die sie nicht gebaut hatten, und »Häuser, alles Guts voll, die du nicht gefüllt hast, und ausgehauene Brunnen, die du nicht ausgehauen hast, und Weinberge und Ölberge, die du nicht gepflanzt hast, daß du essest und satt werdest« (5. Mose 6,11). Mit diesen wenigen Worten wird das patriarchale Prinzip der Eroberung umschrieben, mit dem der patriarchale Mann seinen Machtanspruch über andere sichert.

In Israel wurde solche Herrschaft über andere Stämme durch einen Jahrhunderte währenden Kleinkrieg im Namen Jahwes vorübergehend errungen. Immer wieder gelang es den Priestern Jahwes, ihren Willen durchzusetzen. Nur der von ihnen vertretene Glaube sollte Anerkennung finden. Schließlich wußten die jüdischen Priester genau, daß es nur *einen* Gott gab, den ihren, und folglich die Göttinnen und Götter anderer Völker Götzen sein mußten, die es mit Stumpf und Stiel auszurotten galt – ein Kampf, der sogar den Mord an Tochter, Bruder und Gattin legitimierte[3]. Weite Teile der Hebräischen Bibel sind ein Beleg für den von H. E. Richter konstatierten männlichen Ohnmachts-Allmachts-Komplex, der aus meiner Sicht aufs engste mit der gewaltsamen Ausmerzung der Göttin in den Seelen des Volkes zusammenhängt. Ohne den Schutz der Göttin mußten sich die Menschen ohnmächtig und verlassen fühlen, was die Propheten mit der Verkündigung eines allmächtigen Gottes auszugleichen suchten, der es allerdings sehr schwer hatte, in der Seele des Volkes Fuß zu fassen. Es ist gar nicht vorzustellen, wie durch Jahrhunderte der Jahweglaube dem Volk aufgezwungen werden mußte. In den Königsbüchern der Chronik werden jene Könige als gute Herrscher angesehen, die die Altäre der Göttinnen und des Baal zerstörten, jene aber, die ihre Kulte tolerierten, gelten als schlecht, weil sie dem Volk mit religiöser Toleranz begegneten.

Die Allmacht des neuen Gottes Jahwe mußte sich erst allmählich erweisen, und zwar auf recht grausame Art. Die Bücher der Hebräischen Bibel sind voll von den Aufrufen Jahwes zum Mord an Andersgläubigen, bei denen es sich um Anhängerinnen und Anhänger des göttlichen Paares Aschera (oder Anat) und Baal, ihren Begleiter, handelte. Für die kanaanäischen Völker war es noch selbstverständlich, daß das Göttliche nur in seiner männlichen *und* weiblichen Potenz verehrt werden konnte. Da aber in allen Religionen der Urakt des jeweiligen Gottes bzw. der Göttin ein schöpferischer Akt ist, aus dem der Kosmos, die Welt oder der Mensch entsteht, galt bei den kanaanäischen Stämmen, wie übrigens in allen vorpatriarchalen Religionen auch, die Sexualität als wesentlicher Ausdruck dieses göttlichen Schöpfungsaktes. Solche Vorstellungen waren Jahwe, dem Herrn, ein Greuel, wie er immer wieder bekundet. Sie sollten mit den dazugehörigen Menschen ein für allemal ausgerottet werden.

Im christlichen Glauben wurde der *Erwählungsgedanke* auf die christlich getauften Anhänger dieses Glaubens übertragen. Nun waren die *Christen* das wahre Volk Gottes. Alles andere blieb. Andersgläubige, auch die Juden, galt es auszurotten oder bestenfalls zu bekehren. Sexualität wurde nicht nur aus dem Bereich des Göttlichen verbannt, sondern auch aus dem Bereich des Männlichen. Dualistische Elemente jüdischen und griechischen Denkens wurden zu einem christlichen Dualismus zusammengesetzt, der bis in die Gegenwart die verheerendsten Folgen zeitigt. Kosmos, Welt und Menschheit wurden aufgespalten in zwei einander feindlich gegenüberstehende Prinzipien. Zusammengehörige Polaritäten wurden in einander ausschließende Gegensätze verwandelt. Auf der einen Seite finden wir das Göttliche, den Geist, das Licht, die Ordnung, das Männliche, kurz: das Gute; auf der anderen Seite dagegen das Antigöttlich-Dämonische, die Materie bzw. Natur, den Leib, die Sexualität, die Finsternis, das Chaos, das Weibliche, kurz: das Böse. Dieser Dualismus durchzieht bis heute alle Ebenen unserer Gesellschaft wie auch unserer Seelen und ist die eigentliche Grundlage des Gotteskomplexes, mit dem Frauen und Männer auf recht unterschiedliche Weise ihre Probleme haben. Seine Folgen können gar nicht schlimm genug eingeschätzt werden. Auf der politischen Ebene stellen sie sich so dar: Die Christen fühlten sich mit ihrem Glauben dazu ausersehen, die Welt zu erobern, das hieß andere religiöse Vorstellungen auszurotten oder Andersglaubende zu bekehren; denn sie wußten sich im Besitz des allein seligmachenden Glaubens. Nachdem dieses Geschäft, so gut es eben ging, erledigt war, fiel der Erwählungsgedanke an die einzelnen christlichen Nationalstaaten zurück, in denen Kaiser und Könige von Gottes Gnaden herrschten und ihre eigenen egoistischen Interessen als göttlichen Willen ausgaben. Das christliche Großbritannien sah sich als »Mutterland« aller Völker; Frankreich, die Grande Nation, wetteiferte, wenn auch mit geringerem Erfolg; und schließlich sollte am deutschen Wesen die Welt genesen, denn dort wollte die göttliche Vorsehung die eigentliche Herrenrasse erstehen lassen. Nachdem diese Leuchten des christlichen Abendlandes erloschen waren, traten sie den Auserwählungsgedanken an die Neue Welt ab, die sich nun ihrerseits dazu erkoren weiß, die Welt zu beherrschen, denn »God loves America«!

Ob jüdisch-christlicher Monotheismus, ob europäischer Imperialismus, ob amerikanischer Kapitalismus, ob russischer Kommunismus, alle diese Patriarchatssysteme sind sich darin einig, daß ihrem jeweiligen »Gott« die Welt gehört, der repräsentativ zu sein scheint für das männliche Geschlecht; denn in allen diesen Systemen ist der Mann wiederum der Auserwählte, auserkoren zu herrschen, während die Frau dazu da ist, zu dienen. In allen diesen Systemen wird der Mann auf- und die Frau abgewertet. Und wo der individuelle Mann nicht herrscht, da ist es sein religiöses, sein politisches, sein wissenschaftliches System – eben sein jeweiliger Gott. Dieser weltweite Prozeß des Abwertens der Frau wie auch weiblicher Dimensionen des Handelns, Denkens und Fühlens korrespondiert mit der Verdrängung und Ausmerzung der Göttin, die Jahwe-Priester in Israel und christliche Priester in Europa vornahmen. Heute kann dieser Prozeß beim männlichen Geschlecht bereits im zarten Knabenalter von vier oder fünf Jahren beobachtet werden, wenn er aus dem Kindergarten und später aus der Schule kommt mit den Worten: »Die ollen Weiber.«.Das ist ein Ausdruck dafür, daß die männliche Identität in unserer Gesellschaft ausschließlich auf der Abwertung des weiblichen Geschlechts aufbaut und daß folglich Männer die Aufwertung des Weiblichen als ihre eigene Abwertung empfinden. (Es ist mir schon mehrfach passiert, daß ich nur positiv von Frauen gesprochen habe, ohne dabei die Männer zu erwähnen, und diese sich hinterher beschwerten, weil ich sie angeblich nur negativ dargestellt hätte, obwohl ich doch kein Wort über sie verloren hatte.) Dieses Bedürfnis nach weiblicher Abwertung findet in den nachfolgenden Jahren reichlich Nahrung. Staat und Kirche, Schule und Elternhaus lehren den Knaben, daß Gott ein Vater, König, Richter, kriegerischer Herrscher, kurz: ein männliches Wesen ist, was im Klartext für Jungen und Mädchen heißt, daß Männlichkeit und Göttlichkeit Synonyme sind, während Weiblichkeit und Göttlichkeit einander ausschließen. Ein Beispiel dafür: Ein evangelischer Pastor sagte, als er von dem Titel meines ersten Buches »Die Weiblichkeit Gottes« hörte: »Wie kann man in einem Atemzug Weiblichkeit und Gott nennen? Das ist doch blasphemisch, denn beide schließen einander ja aus!«

Auf den ersten Seiten der Bibel lernen beide Geschlechter, daß die Menschheit mit Adam, dem Mann, begann, aus dem Eva, die Frau, erst später entstand, obwohl doch nach archäologischen und religionsgeschichtlichen Erkenntnissen zwar eine Urmutter, aber nirgends ein Urvater in Sicht ist, wie auch sonst biologisch und psychologisch gesehen alles auf die Priorität des Weiblichen verweist. Aber genau hier sind wir am neuralgischen Punkt angelangt, um den sich der ganze Gotteskomplex rankt, der sich ja laut RICHTER aus verdrängter Abhängigkeit und selbstmörderischem Größenwahn zusammenbraut. Verdrängt wurde die Abhängigkeit vom weiblichen Prinzip, das ohne die Göttin nicht mehr als allgegenwärtig wahrgenommen werden konnte. Das hatte die Entfesselung zerstörerischer Ego-Kräfte des Mannes zur Folge, die sich bis heute über alles andere hinwegsetzen dürfen.

Hier aber hat auch jeder Knabe und Mann seinen individuellen Männlichkeitskomplex. Er, der so systematisch von Kirche und Staat, von Schule und Elternhaus aufgebaut wurde, leidet an einem mehr oder weniger bewußten Zweifel an der ihm zugeschriebenen Großartigkeit, der es ja in der Tat an einer realen Grundlage fehlt. Gleichzeitig lebt er in der ständigen Angst, daß diese Wahrheit ans Licht der Öffentlichkeit dringen könnte. Sie muß daher kompensiert werden durch größere Kraftakte glaubhafter Männlichkeit, die ihm jenes Image verleihen, an dem er sich auszurichten gelernt hat. Hier liegt meines Erachtens die wahre Ursache des männlichen Ohnmachts-Allmachts-Komplexes, den H. E. RICHTER beschreibt. Das männliche Selbstwertgefühl hat eine inflationäre Grundlage und kommt einem ungedeckten Scheck gleich. Es konnte sich nur auf Kosten des weiblichen Geschlechts entfalten und nicht etwa im fairen Wettstreit mit diesem. Die Frau mußte dumm gehalten werden, damit der Mann um so klüger erschien; die Frau mußte sich schwach fühlen, damit er sich um so stärker fühlen konnte; sie durfte nur Gefühl sein, damit er ganz Verstand, oder was er dafür hielt, sein konnte.

Wenn wir nun fragen, was es denn eigentlich sei, was das männliche Geschlecht dem weiblichen voraus hat, so erhalten wir von der Tiefenpsychologie, die es ja wissen muß, denn schließlich geht sie in die Tiefe, die Antwort: der Penis. Das jedenfalls hat S. FREUD, der Konstrukteur des Urvaters und seiner Horde, herausgefunden und wurde damit gern und reichlich auch von anderen Wissenschaften zitiert. Das Gerücht vom *weiblichen Penisneid* ging um die Welt und galt als Schlüssel aller weiblichen Probleme. Die Frau war eben nur neidisch auf den Mann, das war's. Bis heute konnte sich diese These halten, so daß wir allen Grund haben, sie näher zu untersuchen, denn schließlich spielte ja auch in unserem Märchen der Neid eine ganz wesentliche Rolle. Im Neid sieht beispielsweise HARTMUT SCHOECK, der ihm ein 400seitiges Werk gewidmet hat[4], den Ursprung des Bösen – und nicht etwa im weiblichen Erkenntnisdrang, wie es die Hebräische Bibel will. Immerhin steht der Neid hinter dem ersten Mord der Menschheitsgeschichte, dem Brudermord des Kain an Abel, der von Gott begünstigt wurde. Der Neid ist Ausdruck der Haben-Orientierung, die zu den wesentlichen Merkmalen des patriarchalen Systems gehört und Ausbeutung, Unterdrückung, Sexual- und Frauenfeindlichkeit zur Folge hat, wie ERICH FROMM in seinem Buch »Haben oder Sein« zeigt.

Demnach steht der Neid mythisch und sozialgeschichtlich in auffallender Nähe zum männlichen Geschlecht. Wie KLICKHOHN gezeigt hat, gibt es eine unmittelbare Beziehung zwischen Neid und Hexenverdacht, so daß er auch bei dem millionenfachen Frauenmord, den Männer im ausgehenden Mittelalter und zu Beginn der Neuzeit durch mehrere Jahrhunderte hindurch im Namen Gottes und des Rechts begehen durften, eine nicht unerhebliche Rolle spielte. Der Neid, der Frauen in Form eines Penisneids zugeschrieben wird, wäre also demnach ein primär männliches Problem? Dieser Meinung ist auch ERICH FROMM und entlarvt den FREUDschen Penisneid als eine Verkehrung der

Wirklichkeit in ihr Gegenteil. Er schreibt: »Im völligen Gegensatz zu FREUDS Annahme, der Penisneid sei eine natürliche Erscheinung in der Konstitution der weiblichen Psyche, bestehen gute Gründe für die Annahme, daß *vor* der Errichtung der Vorherrschaft des Mannes bei ihm ein *Gebärneid* existierte, den man sogar noch heute in vielen Fällen antreffen kann.«[5]

Die Annahme eines männlichen Gebärneids erscheint mir wesentlich berechtigter als die eines weiblichen Penisneids. Das soll uns ein Blick in die patriarchale Mythenwelt wie auch in die matriarchale Vorstellungswelt zeigen. Das matriarchale Weltbild trägt dem Phänomen Rechnung, daß menschliches Leben nur aus der Frau hervorgeht und der Mann sich durch das definiert, was er *nicht* kann: Leben gebären. Mann und Frau verdanken ihr Dasein weiblicher Gebärfähigkeit und Gebärbereitschaft, so daß sich Männlichkeit nur in ihrer Geschöpflichkeit darstellen konnte, während Weiblichkeit mit Schöpferinnenkraft gleichgesetzt wurde. So wie die Mutter das Leben hervorbrachte, so brachte Mutter Erde die Natur hervor. Und nach dem bewährten Prinzip »Wie auf Erden so im Himmel« wurde auch das Himmelszelt als weiblicher Körper angesehen, der Sonne, Mond und Sterne als Geschöpfe der Himmelskönigin hervorbrachte. Auf allen Ebenen des Seins herrschte die Große Göttin als Erschafferin allen Lebens. Ihr wurde später, als der männliche Beitrag zum Zeugungsgeschehen bekannt wurde, ein männlicher Begleiter als Sohngeliebter an die Seite gestellt, der das männliche Seinsverständnis veranschaulichte. Ihr Sohn war der Mann deshalb, weil er immer ihr Geschöpf war; ihr Geliebter war er, weil er ihr durch den Liebesakt zur Fruchtbarkeit verhalf. Einmal im Jahr feierte die Priesterin als Vertreterin der Göttin auf Erden mit einem auserwählten Priesterkönig, der in ihrem Auftrag herrschen durfte, die Heilige Hochzeit. Ein Fest, das die Verbindung des göttlich weiblichen Prinzips mit dem göttlich männlichen Prinzip veranschaulichte und das in den Fruchtbarkeitsritualen des Volkes seinen Niederschlag fand. Das Wissen um seine Beteiligung am Zeugungsakt, durch die er zu göttlichen Ehren kam, muß dem Mann jedoch zu Kopf gestiegen sein. Anscheinend war ihm der Anteil am schöpferischen Prozeß zu gering, denn er erschuf sich Mythen, die diesem Defizit abhalfen, und so entstand der gebärende Mann, der nun als Gott an den Himmel projiziert wurde: Zeus gebiert seine Tochter Athene aus dem Kopf und seinen Sohn Dionysus aus dem Schenkel. Daß es sich hierbei nicht etwa um einen Scherz, sondern um einen echten biologischen Größenwahn handelt, der schwerwiegende Folgen haben sollte, zeigt der antike Dichter Aischylos in seiner Orestie, mit der er den Abschied vom matriarchalen Weltzustand beschreibt. Es geht darum, die Straffreiheit für den Muttermörder Orest zu begründen. War im Matriarchat noch der Muttermord ein todeswürdiges Verbrechen, da die Blutsbande als heilig galten, so wird diese Auffassung nun einfach umgedreht. Nur noch Vatermord soll künftig strafbar sein. Also muß der Beweis angetreten werden, daß das Kind nicht mit der Mutter, sondern nur noch mit dem Vater blutsverwandt und daher nur der Vatermord mit dem Tode zu bestrafen sei. Apollon, der neue, zur Macht strebende patriarchale Gott, spricht folgende Worte:

»Die Mutter bringt, was uns ihr Kind heißt, nicht hervor.
Sie ist nur frisch gesäten Keimes Nährerin.
Der es befruchtet, zeugt. Sie, wie der Wirt den Gast,
Beschützt, sofern kein Gott es schädigt, nur das Gut.«

Das heißt, sie ist nur der Brutkasten, in den hinein der männliche Same gelegt wurde. Schon der Begriff »Same« läßt erkennen, was man sich unter dem männlichen Sperma vorstellte: eine Substanz, die bereits den fertigen Menschen enthält, der die Frau nur noch etwas Nahrung hinzufügen mußte, um das bereits vorhandene Wesen zu vergrößern. Aus dieser Vorstellung folgte, daß der Nachwuchs allein dem Mann gehörte, sein Besitz war. Hier nun der kluge Beweis für solche Phantasien:

»Für diese Rede leg' ich den Beweis euch vor:
Es gibt auch ohne Mutter Vaterschaft:
Hier steht als Zeuge da die Tochter des Olympiers Zeus,
Die nicht genährt in eines Schoßes Finsternis,
Doch herrlich ist wie keiner Göttin leiblich Kind.«[6]

Es gibt noch weitere Variationen des »gebärenden Mannes«. Der babylonische Schöpfungsmythos beschreibt eine andere Art der Kompensation des männlichen Mangels und Gebärneids. Dort setzt der Mann die Verstandeskraft an die Stelle weiblicher Schöpferkraft. »Da er mit seinem Leib nichts erzeugen kann«, schreibt E. FROMM, »muß er es auf andere Weise tun. Er produziert etwas mit seinem Mund, seinem Wort, seinem Denken.«[7] So stellt der babylonische Gott Marduk, der Enkel der Urgöttin Tiamat, durch sein Wort seine Schöpferkraft unter Beweis, bevor ihm von den andern Göttern die Macht übertragen wird. Die Bibel greift diese Vorstellung auf und gibt sie weiter unter dem Motto: Im Anfang war das Wort, obwohl es sich bei genauerem Hinsehen auch hier ursprünglich nicht um den Logos, sondern um eine weibliche göttliche Kraft, die Weisheit, die Sophia, gehandelt hat. Ebenso gehen im biblischen Schöpfungsbericht die Urflut, tehom oder babylonisch Tiamat, und die Ruah, das weibliche Geistprinzip, dem göttlichen Wort voraus. Das Männliche als Ursprung allen Lebens steht also von Anfang an auf recht wackligen Beinen. Doch man muß schon genauer hinsehen, um das zu erkennen. Oberflächlich betrachtet, haben die männlichen Götter gesiegt und ihre Macht an den Weltenanfang zurückprojiziert. Die Macht des Wortes erwies sich als stärker als die Macht der Liebe. Im Siegestaumel sonnte sich der Mann an seiner geistigen Größe, die er nur recht genießen konnte, wenn er sie dem weiblichen Geschlecht absprach, was immerhin noch bis in unsere Zeit hinein geschieht.

Schließlich waren es seine »geistigen« Fähigkeiten, die es ihm ermöglichten, sich das Primat des schöpferischen Prinzips anzueignen und damit seinem berechtigten Neid die Basis zu nehmen; zumindest konnte er diesen Neid mit seinem geistigen Rüstzeug am Wiederauftauchen aus der Verdrängung hindern, wenn er die Abwertung des weiblichen Geschlechts zur Regel machte. Mit ihr steht und fällt das patriarchale Weltbild. Auch im Märchen ließ der Neid der Macht den Vortritt und hielt sich selbst im Hintergrund, während sich die Liebe ohnmächtig und minderwertig fühlte – ein typisch weibliches Lebensgefühl, das allerdings nicht aus einem realen Mangel resultiert, sondern das Ergebnis einer patriarchalen Gehirnwäsche ist, die darauf abzielt, dem weiblichen Geschlecht von klein auf Insuffizienzgefühle zu vermitteln. Was die Frau einst als göttlich erscheinen ließ, ihre Fähigkeit zur Liebe und die damit verbundene Fähigkeit, Leben zu schenken, wurde von allen patriarchalen Religionen nach der Abschaffung des weiblichen Priestertums systematisch abgewertet und diffamiert. Der Akt des Gebärens wurde nur noch unter dem Aspekt der Schmerzen gesehen, die wiederum als Strafe eines männlichen Gottes gedeutet wurden, wie die Paradiesgeschichte zeigt. Die weibliche Liebesfähigkeit hingegen wurde in Ketten gelegt durch ein patriarchales Eheverständnis, das die Frau zum Besitz des Mannes erklärt – eine Sichtweise, mit der sich Frauen heute noch zu identifizieren scheinen.

Doch wo blieb die einstige Göttinnenmacht? Was ursprünglich ein großes Ganzes war, die Göttin als Himmelskönigin, die Göttin als Urflut und die Göttin als Mutter Erde, die Leben hervorbrachte und die Toten in ihren Schoß zurücknahm, wurde aufgespalten und dann schrittweise verdrängt oder aber, wo das nicht möglich war, patriarchalisiert. Männlich-patriarchale Götter übernahmen die Herrschaft im Himmel. In Ägypten war es Amun-Re, in Babylon Marduk, in Griechenland Zeus, in Israel Jahwe, in Rom Jupiter und später Mars. Die alten Göttinnen wurden ihnen als Ehefrauen an die Seite gestellt, solange man sie noch nicht völlig ausschalten konnte, was in Israel am vehementesten versucht wurde. Jahwe wollte alleiniger Herrscher sein. Er duldete keine Göttin neben sich. Zunehmend wurden aus den Allgöttinnen nur noch chthonische, also erdgebundene Gottheiten. Das weibliche Prinzip sank im wahrsten Sinne des Wortes »immer tiefer«, bis es nur noch im Bereich des Unterirdischen, des Todes, der Finsternis und des Chaos wahrgenommen wurde, in jenen Bereichen, die zunehmend unheimlicher wurden und bis heute nicht wieder ins Leben und ins menschliche Bewußtsein integriert werden konnten. Solche Prozesse haben ja immer auch einen sozialgeschichtlichen Hintergrund. Wie im Himmel, also auch auf Erden! Das weibliche Geistprinzip als synthetisches und integrierendes Denken ging immer mehr verloren. Übrig blieb der männliche Geist, der Intellekt, der analytisch-strategische Verstand, der auf Eroberung setzte, auf Sieg und Macht über andere. Einst hatte der jüdische Gott seinem Volk verheißen, sie sollten »ernten, wo sie nicht gepflanzt, und in Städten wohnen, die sie nicht gebaut haben«[8]. Damit wurde das patriarchale politische Konzept umrissen. Eine solche Verheißung wäre aus dem Mund einer Göttin undenkbar, weil sie alle Menschen als ihre Kinder betrachtet und ihnen nicht das Recht gibt, andere auszurotten, um selber besser leben zu können. Auch wäre es undenkbar, aus ihrem Munde den Befehl: »Macht euch die Erde untertan« vernehmen zu wollen; denn die Mutter Erde ist heilig und kann nicht besessen werden. Das müssen *uns* zivilisierte Barbaren heute die Indianer neu lehren. Für sie ist es unfaßbar, wie der weiße Mann, der ihm einst den wahren Glauben bringen wollte, die Erde dermaßen zurichten kann, daß er sich letztendlich selbst zugrunde richtet – ein Akt, der möglicherweise als männlicher Selbsthaß und gesteigerte Variante seines Gebärneides angesehen werden muß. Diesen Selbsthaß finden wir auch in der Tatsache belegt, daß eine Frau durch den Geschlechtsakt an Wert verliert, der ja in ihrer »Unschuld«, im Unberührtsein vom Mann, besteht.

Auch diese Einstellung ist nur möglich auf der Grundlage eines entsexualisierten, rein männlichen Gottesbildes, das den zwangszölibatären Priester zur Folge hat und gleichzeitig ein Heer von Sexualneurotikern, über die zu berichten ein abendfüllendes Programm wäre. Erotische Liebe ist das wichtigste Ereignis zwischen den Geschlechtern, das sie unauflöslich zusammenschmiedet und die Weitergabe des Lebens gewährleistet. Im Hohenlied der Hebräischen Bibel, das nur zufällig in den Kanon geriet und eigentlich der Rest eines matriarchalen Kultliedes ist, das den Ritus der Heiligen Hochzeit beschreibt, kommt noch einiges von der herzzerreißenden Bedeutung dieser Liebe zum Tragen, einer Liebe, die stark ist wie der Tod. Später sollten diese Texte nur noch als rein geistige Metaphern für die Beziehung zu Gott verstanden werden, ein Verständnis, das wohl nur den wenigsten Menschen gelang. Mit dieser Entsinnlichung des Gottesbildes, das im Judentum wie im Christentum von aller Erotik gereinigt und dem Bereich des reinen Geistes zugeführt wurde, mit dieser Entsinnlichung ging ganz zwangsläufig auch eine Sinnentleerung einher, die schließlich in der Sinnlosigkeit der Rede von Gott endete. »Gott ist tot, wir haben ihn getötet«, klingt es von NIETZSCHE bis zur Gott-ist-tot-Theologie der sechziger und siebziger Jahre. Für unser religiöses Verständnis hat das Hohelied heute kaum noch Bedeutung, obgleich es doch einst der Höhepunkt des religiösen Kultes war. In der christlichen Mystik flammt noch einmal das erotische und mit ihm das weibliche Element im Gotteserleben auf. Nicht umsonst werden viele Mystikerinnen und Mystiker als Häretiker gebrandmarkt und entgehen zum Teil nur knapp der Exkommunikation.

Ich weiß nicht, ob wir uns heute überhaupt im klaren sind, was auch für uns die Verdrängung der Göttin und die Erhebung des Männlichen zum alleinigen göttlichen Prinzip bedeutet; was es für unser religiöses Erleben und zwischenmenschliches Miteinander heißt, daß durch zwei Jahrtausende hindurch ausschließlich Männer und von ihnen überwiegend die frauen- und sexualfeindlichsten bestimmt haben, was wir glauben, singen, beten, wie wir lieben und feiern, wie wir Freude und Trauer erleben; denn aus Theologie und Kirche kamen die hauptsächlichen Impulse, die diese Lebensbereiche bestimmten. Die Unfähigkeit, zu trauern und zu lieben, ist inzwischen sprichwörtlich geworden.

Beide Bereiche sind in den antiken Mysterienreligionen noch aufs allerengste mit der Göttin verbunden, die jedes Jahr einmal, wenn die ganze Natur in der Dürre des Sommers vertrocknete und dahinstarb, um ihr Geschöpf, ihren Geliebten, trauerte – und mit ihr die Priesterinnen und Frauen. Noch HESEKIEL weiß, daß am Tempel zu Jerusalem die Frauen um ihren Tammuz weinen (8,14), ein Grund übrigens, um sie mitsamt ihren Familien auszurotten. Auf die Zeit der Trauer und des Klagens folgte dann jedoch im Frühjahr mit dem Wiedererwachen der Natur das Fest der Heiligen Hochzeit, der Feier der Liebe zwischen den Geschlechtern, auf die sich beide gründlich vorbereiteten. Diese Liebe wurde mit der Verdrängung aus dem Bereich des Göttlichen letztendlich an die Gosse preisgegeben. Ohne göttliche Macht an ihrer Seite, das sagte auch unser Märchen, wurde die Liebe schwach und kraftlos, verletzlich, mißverstanden und mißbraucht. Heute nimmt die Macht immer beängstigendere Formen der Kommerzialisierung und Brutalisierung an.

Der Weg der Liebe im Märchen war der Weg der Frau durch die verschiedenen Gesellschaftsformen des Patriarchats. Es ist noch gar nicht so lange her, da sahen Frauen sich gezwungen, ins Wasser zu gehen, wenn die Folgen ihrer Liebe zu einem

Mann sichtbar wurden. Für Frauen war die Liebe zum Mann nicht selten mit tiefem Leid innerhalb und außerhalb der Ehe verbunden, während Männer nur allzu häufig die Verursacher dieser Leiden waren. Sie haben es bis heute nicht gelernt, mit ihrer erotischen Liebeskraft umzugehen; ein solches Lernen ist ja in ihrer Erziehung zum Mann auch gar nicht vorgesehen. Er lernt sich zu behaupten, Macht auszuüben und erfolgreich im Wettbewerb mit anderen zu sein, sein Leben auf Kosten anderer – insbesondere Frauen – einzurichten. Genau das hatte auch Jahwe vor rund 3000 Jahren getan. Er erwies sich in Israel als der machtvollste aller Götter, er wußte sich am rigorosesten durchzusetzen und andere unschädlich zu machen, und das alles auf Kosten der Göttin, denn der Glaube an sie blieb dabei auf der Strecke. In Jesaja 3,17 droht Gott der Herr den stolzen Töchtern Zions die Vergewaltigung an[9]. Heute wissen wir, daß allein in der Bundesrepublik jährlich ca. ¼ Million Töchter und Mädchen bereits ab dem 6. Lebensmonat nicht sicher sind vor den Vergewaltigungen durch Väter, Brüder, Großväter und Onkel, Freunde und Nachbarn – und dennoch geht kein Aufschrei der Entrüstung durch die Kirchen! Wie der Herr, so's G'scherr, lautet ein altes Sprichwort, das hier vielleicht angebracht wäre. Wo soll das Vorbild herkommen, das Männern vermittelt, daß Sexualität etwas mit liebevoller Zärtlichkeit zu tun hat, mit Nehmen und Geben, Empfangen und Schenken? Ich wünschte, ich könnte Ihnen vermitteln, wie viele Frauen an dem reduzierten Sex ihrer Männer leiden, der nicht mehr eingebettet ist in ein geistig-seelisches Ganzheitserleben.

Für den Mann im Patriarchat ist Weiblichkeit bzw. die reale Frau identisch mit seiner reduzierten Vorstellung von Sexualität. Er ist nur selten daran interessiert, die seelischen und geistigen Tiefen einer Frau wahrzunehmen oder gar auszuloten, er ist nicht neugierig auf ihre Gefühle und Gedanken. Er hat nie gelernt, die Liebe zur Mutter, zur Schwester oder Ehefrau auf eine Göttin hin zu transzendieren, was dem antiken Mann immerhin noch möglich war. Auch daß Sexualität sublimiert, verfeinert, ja sogar vergeistigt werden kann, scheint ihm überwiegend fremd zu sein. Entweder er nimmt sich, was er braucht, oder er wird zum sexualfeindlichen Asketen. Dazwischen scheint es nur selten etwas zu geben. Schließlich zwingt ihn auch die Patriarchatserziehung, seine eigene Weiblichkeit von klein auf zu verdrängen. Damit das besser klappt, lernt er sie vorher abzuwerten. Dadurch versperrt er sich den Zugang zu all jenen Bereichen seiner Seele, die mit den Gefühlen zusammenhängen. Er fühlt sich nur als *Mann* stark; als voller *Mensch* jedoch, der auch seine Weiblichkeit integriert hat, hat er Anteil an weiblicher Schwäche und Ohnmacht, die es ja um jeden Preis zu vermeiden gilt, wenn er nicht als Waschlappen oder Pantoffelheld dastehen will.

Aber auch für die Frau hat die Ausmerzung der Göttin verheerende Folgen. Sie hat nie gelernt, sich in ihrer kraftvollen Liebesfähigkeit wahr- und anzunehmen. Ihre Sexualität ist etwas, dessen sie sich zu schämen gelernt hat, denn sie war immer mit Schuld und Sünde verbunden, wozu in der Ehe auch noch die verdammte Pflicht kam. Ohne eine Göttin hat weibliche Stärke kein Vorbild und hat es daher schwer, ihre Ausdrucksformen zu finden. Heute suchen Frauen ganz bewußt nach neuen Wegen, um auch ihren geistigen Fähigkeiten und ihrem Gefühl der Stärke Ausdruck zu verleihen. Will ihnen dies nicht auf Anhieb in dem vorgesehenen gesellschaftlichen Rahmen gelingen, so werden sie gnadenlos kritisiert und als Emanzen und Feministinnen beschimpft, wobei es ja bezeichnend ist, daß diese Begriffe, die ursprünglich eine neue Form weiblichen Selbstverständnisses beschreiben sollten, sehr schnell zu einer negativen Etikettierung für Frauen mit Verhaltensweisen wurden, die Männern und jenen Frauen mißfielen, die sich in ihrer Abhängigkeit vom Mann wohl fühlten. Frauen müssen erst mühsam lernen, sich selbst zu definieren, nachdem der Mann sie nur in ihrer Beziehung zu ihm beschrieben hat, und zwar fast ausschließlich als ihm zu Diensten stehende Frau.

Bestand die matriarchale Geschlechterpolarität, solange die Funktion des männlichen Spermas noch nicht bekannt war, in der weiblichen Schöpferin und dem männlichen Geschöpf, so besteht sie im Patriarchat im männlichen Herrscher und der weiblichen Beherrschten bzw. Unterdrückten. Wenn auch die Unterdrückung der Frau heute zum Teil aufgehoben ist oder andere Formen angenommen hat, so ist das Selbstbild der Frau noch längst nicht an ihre Möglichkeiten der Freiheit und Eigenständigkeit angepaßt. Die meisten Frauen nehmen sich nach wie vor primär in ihrer Abhängigkeit oder über ihre Beziehung zum Mann wahr, was sie um so leichter ausbeutbar macht. Sich als eigenständiges Wesen auch innerhalb einer Beziehung zu sehen fällt ihnen sehr schwer.

Daran wird sich meines Erachtens so lange nichts ändern, wie Frauen und Mädchen dazu angehalten werden, das Männliche in Gestalt eines Vatergottes und seines Sohnes zu verehren. Daher ist es für uns Frauen ganz besonders wichtig, die göttlichen weiblichen Kräfte wieder neu zu aktualisieren, denn schließlich haben sie im Judentum wie im Christentum eine eigene Tradition, wenn auch nur recht unterschwellig. Als Schechina, Chochma und Ruah durchzogen diese weiblichen Kräfte das Judentum. Als Weisheit (Sophia) waren sie dem Christentum bekannt. Während im Westen die Sophia mit Maria verschmolzen wurde, blieb sie in der Ostkirche als eigenständige Größe lebendig. Noch im vorigen und zu Beginn dieses Jahrhunderts begegnete sie dem großen russischen Mystiker WLADIMIR SOLOWJEW dreimal im Verlauf von dreißig Jahren. Die erste Begegnung hatte er im Alter von neun Jahren bei einem Kirchgang mit seinem Kindermädchen. Sie hinterließ einen tiefen Eindruck in ihm. Während seines Studiums in London begegnete er ihr ein zweites Mal. Diesmal sprach sie zu ihm und forderte ihn auf, nach Ägypten zu gehen, dort wolle sie ihm ein drittes Mal erscheinen. Umgehend begab er sich nach Ägypten, was damals immerhin sechs Wochen dauerte. Kairo erschreckte ihn so sehr, daß er sich bald nach seiner Ankunft in die ägyptische Wüste begab. Dort lebte er sechzehn Jahre lang als Eremit. So lange dauerte es, bis ihm die Sophia ein drittes Mal erschien. Danach ging er nach Rußland zurück, wo er sich an die Entwicklung einer Sophiologie machen wollte, dann aber in relativ jungen Jahren starb. Dieser große Mystiker Rußlands war am Ende seines kurzen Lebens zu einer Schlußfolgerung gekommen, die ich mit seinen eigenen Worten hier wiedergeben möchte.

»Die heilige Sophia war für unsere Vorfahren die durch die Erscheinung der niederen Welt verhüllte himmlische Wesenheit, der lichte Geist der wiedergeborenen Menschheit, der Schutzengel der Erde, die zukünftige und *endgültige Erscheinungsform der Gottheit*. Dieser dem religiösen Gefühl unserer Vorfahren offenbarten, dieser wahrhaft nationalen und absolut universalen Idee müssen wir jetzt einen rationalen Ausdruck verleihen.«[10]

Nun, vor 2000 Jahren wurde ihr bereits Ausdruck verliehen. Jesus selbst hat sich wiederholt mit der Sophia identifiziert, indem er ihre Worte auch auf sich angewandt hat. Auch die frühen Christen sahen in Jesus eine Inkarnation der Sophia, die neben ihm als seine Gefährtin verehrt wurde. Doch dieser Zweig des Christentums wurde von der apostolischen Kirche unterdrückt. Es ist längst an der Zeit, an ihn wieder anzuknüpfen und sich erneut Worte wie die folgenden zu vergegenwärtigen:

»Bevor die Welt geschaffen wurde,
war ich da. Ich, die heilige Weisheit.
Ich war da von Anfang an,
von Ewigkeit zu Ewigkeit.
Ich war da, bevor die Erde geschaffen wurde,
da die Tiefen noch nicht waren,
da war ich schon da,
da die Brunnen noch nicht mit Wasser quollen.
Ehe denn die Berge eingesetzt waren,
vor den Hügeln war ich da.
Noch bevor der Himmel feststand,
bevor die Wolken zogen,
bevor das Meer der Erde Grenzen setzte,
da war ich da,
ich, die Mutter alles Lebendigen.
Ich bin die Mutter des Gottes,
er spielte auf dem Erdboden vor mir.
Meine Lust ist bei den Menschenkindern.
So erlauschet sorgsam meine Stimme!
Wohl denen, die in meinen Wegen wandeln!
Wer mich findet, der findet das Leben,
wer an mir vorübergeht, der verletzt seine Seele.
Alle, die mich hassen, lieben den Tod.«

Nach Sprüche 8,22 ff.[11]

Gottesbilder durch Frauen überprüfen

Kritik am Bestehenden

Gottesbilder durch Frauen überprüfen, die Art der Rede von Gott und seinem Willen für uns Menschen – und insbesondere für die Frau – in Frage stellen, das ist heute für uns im wahrsten Sinne des Wortes lebensnotwendig geworden, denn unsere Bilder von Gott sind gefährlich und falsch.

Die herkömmliche Rede von Gott und seinem Willen hat uns Frauen durch zwei Jahrtausende hindurch in vielfältiger Weise unterdrückt. Sie hat uns ins politische und kirchenpolitische Abseits gedrängt, obwohl wir innerhalb der Kirche eine noch überwältigendere Mehrheit bilden als innerhalb der Gesellschaft. Aber bis heute gilt: Die Herren machen das schon – und das für uns gleich mit!

Durch zwei Jahrtausende hindurch war das Freiheitsbedürfnis des Mannes legitimiert durch den ausdrücklichen Willen Gottes für den Menschen; denn der Gott Israels hatte ja sein Volk aus der Sklaverei in die Freiheit geführt – doch der Exodus der Frauen aus der Herrschaft des Mannes fand nie statt.

Die Freiheitskämpfer aller Zeiten wußten den Willen Gottes auf ihrer Seite – wie übrigens ihre Unterdrücker auch! Die Befreiung der Frau aber – dessen war mann sich sicher – verstieß gegen die göttliche Schöpfungsordnung. Denn eins steht fest: Die Befreiung des Menschen beinhaltete zu keiner Zeit auch die Befreiung der Frau. Im Gegenteil, weiblichen Freiheitsgelüsten wußte mann in vielfältiger Weise zu begegnen – mal massiver durch Scheiterhaufen, um ihre Seele vor dem göttlichen Zorn zu retten, mal subtiler durch Erwartungshaltungen und Rollenklischees, nach denen Frauen des Mannes Ergänzung sein und alles das tun durften, wozu er keine Lust hatte, mal aber auch humaner durch positive Bestätigung an ganz bestimmten Stellen weiblichen Wohlverhaltens.

So gestatten viele Männer ihren Frauen inzwischen die Ausübung eines Berufes, *wenn* – so betonen sie dabei – alles andere nicht zu kurz kommt. Auch dürfen Frauen inzwischen auf die Kanzel, *wenn* sie sich an die gewohnte Ordnung und Rede von Gott halten. Die Bewegungsfreiheit der Frau bleibt abhängig von Gottes und des Mannes Willen.

Bis heute werden wir Frauen durch das herrschaftliche Gottesbild der Herren in Bibel und Kirche systematisch zu Menschen zweiter Klasse degradiert; denn wir leben von den freiheitlichen Brosamen, die von der Herren Tische fallen. Wir müssen uns daranmachen, die uns vorgesetzten Bilder von gut und böse, richtig und falsch, sinnvoll und sinnlos zu überprüfen und damit den Ursprung unserer eigenen oft unbewußten Minderwertigkeitsgefühle durchschauen und verhindern, daß diese Bilder in uns weiterwirken und unsere Entwicklung behindern.

Einige dieser falschen Bilder möchte ich einmal benennen. Ich glaube nämlich, daß es den meisten Frauen mit der Erziehung zum christlichen Glauben recht ähnlich ergangen ist:

– Daß die Frau die Sünde in die Welt brachte, bekamen wir des öfteren zu hören; daß sie das Heil in die Welt brachte, hören wir nie.

– Die Schlange als Symbol anti-göttlicher Macht weiblichen Ungehorsams ist uns allen bekannt. Von der Schlange als matriarchalem Symbol weiblicher Weisheit und Macht erfahren wir nur auf Umwegen.

– Daß Gott unser Vater im Himmel, aber auch der Richter, Herrscher und Herr der Heerscharen ist, behaupten viele noch mit größter Selbstverständlichkeit; von Gott als Mutter zu reden gilt hingegen als unchristlich und heidnisch, obwohl Frau und Mann das Abbild Gottes sind.

– Daß wir Vater und Mutter ehren sollen – egal wie sie sich verhalten –, damit wir lange leben im Lande des *Herrn*, wurde uns bereits in früher Kindheit gelehrt. Wie lebensnotwendig aber die Ehrung der Mutter Erde ist, damit wir lange auf ihr leben können, wurde uns nie beigebracht. Das begreifen wir erst jetzt, wo es zu spät ist.

– Daß »der Krieg der Vater aller Dinge« (Heraklit) und daher lebensnotwendig ist, glauben »weise« Männer seit mindestens 2500 Jahren. Daß aber der Friede die Mutter aller Dinge ist, deren Abwesenheit uns alle gleichermaßen bedroht, erfahren wir heute allenthalben.

– Daß der Fortbestand unserer Gesellschaft von unserer Erfüllung gottgewollter Gebärverpflichtungen abhängig ist, wird uns immer wieder plausibel gemacht. Daß der Fortbestand unserer Gesellschaft aber in gleicher Weise von der geistigen Produktivität und Mitsprache der Frau abhängt, beginnen wir erst jetzt zu ahnen.

– Daß Jesus mit zwölf Jüngern durch das Land zog und seine Botschaft der Liebe verbreitete, damit wurden wir von Kindesbeinen an vertraut gemacht. Daß er aber genauso eine Reihe von Frauen als Jüngerinnen um sich scharte, von denen er sich sogar besser verstanden wußte als von den Jüngern, müssen wir Frauen uns erst mühsam erarbeiten.

– Daß Maria als keusche Jungfrau und Magd des Herrn diesem ihr »Mir geschehe, wie du gesagt hast« entgegenhauchte, wurde uns wenigstens einmal im Jahr zur Weihnachtszeit in Erinnerung gerufen. Daß sie aber mit einem unehelichen Kind schwanger ging und einen Gott pries, der die Herrschenden vom Thron stürzt und damit nur für das Ende aller Frauenunterdrückung, nicht aber für deren Aufrechterhaltung in Anspruch genommen werden kann, lernten wir weder in der Kirche noch in der Schule.

– Daß wir als Frauen in den Briefen des Neuen Testaments nicht angesprochen werden, da diese nur die »lieben Brüder« der Gemeinde berücksichtigen, daran hatten wir uns schon allzu lange gewöhnt. Warum sich aber Jesus auf seinem letzten Gang ans Kreuz nur noch an die »Töchter Jerusalems« wandte, ohne die Söhne zu berücksichtigen, das beginne ich ganz allmählich zu verstehen.

– Daß es der Frau geziemt zu schweigen und ihr Leben im Dienst an Mann und Kind zu verbringen, glauben bis heute noch viele Frauen und Männer. Daß Jesus aber nur dem Mann das Dienen empfiehlt zur Heilung seiner Großmannssucht und niemanden so eindeutig zur Verkündigung an seinen Brüdern beauftragt wie die Frau, das ist fast allen gläubigen Christen bis heute entgangen.

So müssen wir immer wieder auf die geistigen Rechte und Pflichten der Frau aufmerksam machen und sie daran erinnern, daß in diesem Staat das Recht auf religiöse Selbstbestimmung bereits Vierzehnjährigen zuerkannt wird. Es ist nunmehr höchste Zeit, daß besonders wir Frauen, die wir das 14. Lebensjahr überschritten haben, uns auf diese Religionsmündigkeit neu besinnen. Dazu gehört meines Erachtens nicht nur die Entscheidung für eine bestimmte Konfession, sondern in erster Linie das Nachdenken über das, was als das Göttliche, als der höchste Wert in unserem Leben gelten kann und soll.

Bis in unsere Gegenwart haben sich nur die Herren der Schöpfung diesem Nachdenken gestellt. An sie erging das Wort des Herrn. Sie verkündeten den Willen des Herrn, wobei allerdings nicht immer ganz klar war, ob nicht der Wille des Herrn mit dem Willen der Herren identisch ist. Für ein solches Nachdenken wurden wir Frauen nie gebraucht. Wir waren zum Nachbeten da. Es ist uns zur Gewohnheit geworden, die wir ablegen müssen, wenn wir uns selbst finden und retten wollen. Wir müssen uns aufmachen, um das Göttliche ganz neu zu suchen.

Denn: Nur wer sucht, die findet. Für die Nachbetenden gibt es nichts zu finden.

Wozu brauchen wir überhaupt Gottesbilder? Gibt es in der Bibel nicht ein Bilderverbot?

Wir Frauen befinden uns auf der Suche nach neuen Gottesbildern. Dabei begegnen wir oft Unverständnis – gerade innerhalb der Kirche. Wenn wir die Männlichkeit Gottes in Frage stellen, reagieren die meisten mit entsetztem Kopfschütteln. Für die einen steht diese Männlichkeit so unverbrüchlich fest, daß es ihnen wie Ketzerei vorkommt, sie etwa in Frage stellen zu wollen. Für die andern ist Gott angeblich weder männlich noch weiblich, also ein Neutrum. Daß sie trotzdem ausschließlich die gewohnten Bilder von Gott gebrauchen, wie Vater, Herr, König usw., ist ihnen entweder nicht bewußt oder – wie sie meinen – ein dummer Zufall, dem keinerlei Bedeutung zukommt. Trotzdem lehnen sie es aber ab, das einseitig männliche Gottesbild durch weibliche Bilder zu relativieren. Sehr schnell ist dann von »heidnischen« Vorstellungen die Rede, mit denen fragend gewordene Frauen ins christliche Abseits katapultiert werden sollen. Was unbequem ist, muß verdrängt werden. Das war schon immer so und soll auch so bleiben.

Wie recht scheint diesen Menschen die Bibel zu geben, denn

schließlich heißt es dort, daß wir uns von Gott kein Bild machen dürfen. Der eklatante Verstoß fragender Frauen gegen das Gebot Gottes scheint also auf der Hand zu liegen, und so findet das Bedürfnis nach Verdrängung unbequemer Fragen eine biblische Legitimierung – wie so oft.

Aber geht es dabei wirklich nur um die Einhaltung eines göttlichen Gebots, die solcher Verdrängung zugrunde liegt? Liegt diesen Menschen so sehr an der Erfüllung eines göttlichen Willens?

Wenn ja, dann sollten sie sich den Text doch einmal genauer ansehen. In den Zehn Geboten heißt es nämlich: »Du sollst dir kein Bildnis machen noch irgendein Gleichnis, weder des, das oben im Himmel, noch des, das unten auf der Erde, oder des, das im Wasser unter der Erde ist« (2. Mose 20,4).

Das Bilderverbot reicht also vom Meeresgrund über die Mutter Erde bis hin zum Himmelszelt – drei Bereiche, die ursprünglich, so lehren uns unsere Nachforschungen, durch eine dreifaltige Urgöttin repräsentiert wurden.

Im 5. Buch Mose wird das Verbot noch zweimal wiederholt, und das hört sich so an: »Verflucht sei, wer einen Götzen oder ein gegossenes Bild macht, einen Greuel des Herrn, ein Werk von den Händen der Werkmeister« (5. Mose 27,15).

Mit diesen Worten werden insbesondere religiöse Praktiken verflucht, die im vorexilischen Israel gang und gäbe waren. Im Norden Israels zum Beispiel wurde Jahwe als Stiergott dargestellt und verehrt – ein Gottesbild, das immer in Begleitung einer Göttin verstanden wurde, da es ein Sinnbild für Zeugungskraft war, zu der es immer einer Partnerin bedarf. Damals wußten die Leute das noch. Des weiteren stand im Tempel zu Jerusalem die eherne Schlange, die durch viele Jahrhunderte hindurch verehrt wurde.

Wie überall auf der Welt galt die Schlangengöttin als Symbol des zyklischen Lebensrhythmus von Leben, Tod und Wiedergeburt oder Erneuerung, von Heilung und Heil. Das hatten die Israeliten ja auch selbst in Kadesch erfahren, wo sie Heilung erlangt hatten durch die auf Gottes Geheiß hin aufgerichtete eherne Schlange, die mächtiger gewesen sein muß als Jahwe, denn von ihm scheint keine Heilkraft ausgegangen zu sein. Gegen diese Schlange als Repräsentantin einer Jahwe überlegenen Urgöttin richtet sich wohl das Bilderverbot hauptsächlich;

denn im ganzen Orient wurden Himmel, Erde und Wasser mit ihr in Verbindung gebracht: In der nächtlichen Milchstraße sahen die Menschen die große Himmelsschlange, die den Kosmos umschließt. Auf der Erde symbolisierte sie aufgrund ihrer Häutungsphasen den Aspekt des Werdens und Vergehens wie auch der damit verbundenen seelischen Weiterentwicklung durch Erkenntniszuwachs. Sie war das Symbol weiblicher Lebensweisheit und Lebensmacht. Als Drittes symbolisierte sie aber auch noch jenes Urmeer, das Grundlage aller Schöpfung ist. Doch wurde die Schlange – wie es im Alten Testament heißt – zu einem Seeungeheuer, zu Leviathan, gegen das Jahwe vor aller Zeit gekämpft hatte. In unserer Sprache heißt das: Die Schlange repräsentiert ein Kultursystem, das jenem des Patriarchatsgottes Jahwe vorausging, das Jahwe erst zerschlagen mußte, um selbst an die Macht zu gelangen.

Heute wissen wir, daß die Schlange eines der bedeutendsten Symbole der matriarchalen Vergangenheit ist, in der das Göttliche in überwiegend weiblichen Bildern dargestellt wurde. Der ganze Kosmos galt als von weiblichen Kräften durchzogen. Das nächtliche Himmelszelt war der Sternenmantel der großen Himmelskönigin, mit dem sie nachts ihre Kinder zudeckte. Daß bis in unsere Zeit auch die Erde als Mutter empfunden wird, ist allgemein bekannt. Das mütterliche Prinzip galt als *das* göttliche Prinzip schlechthin, als das Leben Schaffende, Nährende und dadurch Leben Erhaltende, dem jeder Mensch, dem Frau und Mann ihr Leben verdankten.

Dieses weibliche Prinzip gehört – wie gesagt – zur Urerfahrung des Menschen und der Menschheit, ist sein und ihr Ursprungsort. Selbst heute noch sagen uns Psychologen immer wieder, daß die Mutter die wichtigste und mächtigste Kraft im Leben eines Menschen darstellt – mächtig aufgrund ihrer Liebe und weniger aufgrund angemaßter Autorität.

Die mütterliche Liebe zum Kind schafft in ihm das Urvertrauen in die Welt und damit auch das Vertrauen in göttliche Kräfte. Dieser Tatsache trugen alle Religionen der Welt Rechnung, indem sie eine Muttergöttin verehrten, von der sie sich auch als Erwachsene geliebt, genährt und durch das Leben getragen wußten. Selbst im Alten Testament läßt der Schreiber Gott sagen: »Ich will dich trösten, wie einen seine *Mutter* tröstet« (Jesaja 66,13).

Hier haben Väter noch kaum etwas auszurichten vermocht.

Im Christentum hat dann durch viele Jahrhunderte hindurch Maria die Aufgabe des mütterlichen Tröstens, Liebens und Verzeihens übernommen, nachdem Gottvater und Sohn zu strengen Richtern geworden waren, damit beschäftigt, menschliche Vergehen zu ahnden. Wo dann später im Protestantismus Maria wegfiel, kamen auch prompt diese Bereiche liebevoller Zuwendung zu kurz. Von einer rein männlichen Dreifaltigkeit konnten sie nur schlecht realisiert werden. Das bloße Wort: »Gott ist Liebe« reicht anscheinend nicht aus. Es müssen auch entsprechende Symbole zur Verfügung gestellt werden, die diese Liebe veranschaulichen und erlebbar machen können. Da diese grundlegende Kraft der Liebe nun einmal primär durch die Mutter erfahren wird, muß sinnvollerweise auch das Göttliche als Vermittlerin dieser wichtigsten und mächtigsten Kraft in unserem Leben mit weiblicher Symbolik umschrieben werden.

Durch die Jahrtausende hindurch war das auch eine Selbstverständlichkeit. Selbst in Israel wurden weibliche Gottheiten verehrt, wie Ausgrabungen und alttestamentliche Schriftstellen belegen. Die babylonische Göttin des Urwassers, Tiamat, war ihnen bekannt, ebenso die Himmelskönigin Anath, die sie – nach Jeremia – in Ägypten verehrten, die Aschera oder Astarte, aber auch die ägyptische Neith, die mit ihrem Körper das Himmelszelt bildete und die Erde bedeckte. Damals war die Erde noch nicht des Herrn! Sie war überhaupt niemandes Besitz. Sie war die Mutter der Menschheit!

Die Priester Israels aber verstanden sich als Anwälte eines rein männlichen Patriarchatsgottes und faßten andere religiöse Anschauungen als Konkurrenz und daher als böse auf. Nur ihre Worte und Handlungen sollten als geheiligt angesehen werden, alles andere war dem Herrn ein Greuel. Als Greuel galten aber insbesondere die weiblichen Gottheiten, deren Skulpturen in großer Fülle von Archäologen gefunden wurden und die auch für die israelitische Zeit nachweisbar sind.

Das Bilderverbot muß also in erster Linie als Abwehr gegen weibliche Gottesvorstellungen verstanden werden, die der männlichen Alleinherrschaft – und allein um die ging es den Anhängern Jahwes – im Wege waren. Nur durch ihre Bekämpfung und schließliche Vernichtung konnte der Mann in den vorchristlichen Jahrhunderten seine Macht voll entfalten und die Herrschaft antreten über das weibliche Geschlecht, ihren Nachwuchs und die Natur. Die Erde war ja des Herrn geworden, und der hatte schließlich die Herren beauftragt, sie zu beherrschen. Genau *danach* sieht sie heute aus: geschunden, vergewaltigt und mißbraucht, genau wie die Frau – und vielfach auch das Kind.

Was aber ist das für ein Gott, dem ein weibliches Gottesbild ein Greuel ist, der aber selbst den Krieg mit der Ausrottung von Frauen, Kindern und Säuglingen befiehlt, wie dies beispielsweise in den Büchern Samuel und Hesekiel ganz klar steht (1. Samuel 15,3; Hesekiel 9,5–7)?

Ich habe es bereits angedeutet: Es ist ein von Männern für Männer erdachter Gott, der den eigenen männlichen Machtinteressen dienen mußte, so daß seine Priester bis zum letzten Krieg in seinem Namen die Waffen segnen konnten. Es ist ein Männergötze, der bis heute zur Unterdrückung Schwächerer eingesetzt wird, seien es nun Frauen, Kinder oder sogenannte »Heiden«, die der Mission bedürfen.

Es ist derselbe Gott, auf den sich Mr. Reagan beruft, da er sich von ihm berufen weiß, die Apokalypse, jenen letzten Weltenbrand oder Holocaust, in Szene zu setzen. Es ist der vergötzte Männlichkeitswahn, der mit seinem Waffenarsenal die Welt in Atem hält. Dieser weltweite männliche Allmachtswahn kann es nicht zulassen, daß etwas anderes als machtstrotzende Männlichkeit als göttlich verehrt wird.

Genau das ist der religionsgeschichtliche sowie der politische und psychologische Hintergrund des Bilderverbots, das zu keiner Zeit eingehalten wurde, weil es gar nicht eingehalten werden konnte; denn die menschliche Seele ist auf Bilder angelegt. Jede Nacht produziert sie Traumbilder, um dem Menschen bei seiner Lebensbewältigung behilflich zu sein. Doch als Ereignis der Nacht wurde der Traum abgewertet, auch er fiel sozusagen unter das Bilderverbot.

Statt dessen wurden die konkreten Gottesbilder gegen Sprachbilder ausgetauscht. Worte traten an die Stelle von Symbolen, Worte, die sich in die menschliche Seele von außen einfraßen, die aber in ihrer Bildhaftigkeit unbewußt blieben. Worte wurden erlaubte Bilder von Gott, Worte, die nicht mehr der Seele der Menschen entsprangen, sondern nur noch dem

Denken einer bestimmten Priesterkaste, eines Männerclans. Nur noch ihr Wort durfte die Seele nachbilden. Denn ob Wort oder Bild, für die Seele ist alles bildhaft. Ihre Ausdrucksform ist nun einmal die Bildsprache. Bilder generell zu verbieten hieße demnach, die Sprache der Seele zu verbieten. Genau das ist ja auch geschehen. Unsere Seele durfte sich nicht mehr frei äußern, sich nicht weiter entfalten; denn das hätte möglicherweise eine Wandlung des Gottesbildes zur Folge gehabt. Unsere Seele wurde in vielfältiger Weise der Inquisition überantwortet – und das geschieht bis heute, mal offen brutal, mal subtil und unterschwellig. Bis heute wird es uns verwehrt, die Bilder unserer Seele ernst zu nehmen.

Die Folgen solcher Abwertung des Bildhaften bei gleichzeitiger Vergötzung des rein männlichen Wortes sind verheerend. Statt der inneren Bilder, die in früheren Zeiten als Manifestationen des Göttlichen verstanden wurden, holt sich die nach Bildern hungernde Seele ihre Bilder von außen, von dort, wo sie in einer unübersehbaren Fülle angeboten werden.

Was aber sind das für Bilder, mit denen heute der menschliche Bildhunger gestillt wird und die zur Bildung der Seele beitragen? Es sind Fernseh- und Reklamebilder, bei denen sich wiederum der weibliche Körper größter Beliebtheit erfreut – das patriarchale Pendant zur matriarchalen Göttinnenverehrung. Es sind aber auch Porno- und Sadofilme, mit denen sich insbesondere Jungen und Männer vollstopfen, um ihren Bildhunger zu stillen. Das ist die wahre Kehrseite des Bilderverbots!

Dabei stellt sich natürlich die Frage, welche Bilder die bekömmlicheren sind. Auch sollte es uns nicht mehr wundern, daß – wenn ein Männergott der Seele die ihr eigene Bildsprache verbietet – mit der Männlichkeit auch die Seelenlosigkeit die Welt beherrscht, die nur noch die Macht des Wortes, des Gesetzes, der Verordnungen als letzte Wirklichkeit anerkennen will.

Nachdem sich auf diesem Hintergrund für mich eindeutig die geforderte Bilderlosigkeit als männlich-priesterliches Wunschdenken herausgestellt hat, das der männlichen Entfremdung vom eigenen Seelengrund entsprungen ist, nicht aber einem göttlichen Verbot, möchte ich nunmehr für neue Gottesbilder plädieren, und zwar ganz einfach, weil wir sie brauchen, weil wir gar keine Alternative haben zu einem bildhaften Glauben. Der bildlose Glaube ist nur ein Selbstbetrug. Es gibt ihn nicht – außer in den Zielvorstellungen einiger Mystikerinnen und Mystiker, die den göttlichen Urgrund in der Leere, im großen Schweigen wahrnahmen, dort, wo alle Rede von Gott ein Ende hat. Dieser Tradition folgte aber immer nur ein kleiner Kreis von Frauen und Männern, die von der offiziellen Kirche immer wieder der Ketzerei beschuldigt wurden.

Zu keiner Zeit der Menschheitsgeschichte konnten Gottesbilder abgeschafft werden; denn jede Rede von Gott vermittelt zugleich auch Bilder. So wurden durch das Bilderverbot nicht etwa die Bilder von Gott abgeschafft, sondern lediglich das Wissen darum, daß es sich bei unserer Rede von Gott auch immer um die Vermittlung von Bildern handelt. Statt dessen wurden Gott und Gottesbild ganz selbstverständlich gleichgesetzt. Damit aber wurde uns die Möglichkeit der Überprüfung der uns vorgesetzten Gottesbilder, wie Vater, König, Herrscher, Richter usw., genommen. Wir hatten keine Möglichkeit, sie anzuzweifeln. Männliche Bilder von Gott in Frage zu stellen galt und gilt vielfach heute noch als die Todsünde schlechthin.

In Wirklichkeit aber können wir nicht wählen zwischen einem bildhaften und einem bildlosen Glauben, sondern nur zwischen einem lebensvernichtenden und einem lebensfördernden Gottesbild. Es sind immer Menschen, die die Vorstellungen von Gott prägen. Es waren bisher immer Männer, die diese Vorstellungen geprägt und den Frauen aufgezwungen haben.

So können wir uns immer nur über Vorstellungen vom Göttlichen verständigen. Das Göttliche selbst hat keinen Namen. Es ist weder vorstellbar noch nennbar. Es wird uns in seiner Fülle wohl auf dieser Welt verschlossen bleiben.

Dennoch werden wir nicht aufhören, unseren eigenen Vorstellungen vom Göttlichen Ausdruck zu verleihen und es so für uns lebendig zu halten.

Daß die Bilder von Gott variieren, haben wir alle im Laufe unserer Entwicklung vom Kind zum Erwachsenen erlebt. Als sinnvoll, weil lebensfördernd, kann daher nur jenes Gottesbild angesehen werden, das dem Menschen hilft, sich so zu entwikkeln, daß er die seit jeher als göttlichen Willen angesehenen Werte wie Liebe, Gerechtigkeit, Freiheit und Friedfertigkeit in ein entsprechendes Verhalten umsetzen kann. Erst wenn das geschieht, können diese Werte nicht mehr als Kanzelverzierung mißbraucht werden, die das Alltagshandeln hinter Sonntagspredigten kaschiert.

Wenn Christen einander wirklich aufrichtig begegnen wollen, egal welches Gottesbild sie haben, dann darf kein Bilderverbot zwischen ihnen stehen; denn es trennt ja nur jene, die wissen, daß sie sich ein Bild von Gott machen, von jenen, die das nicht wissen oder nicht wahrhaben wollen. Nur wo wir uns unsere Bilder von Gott bewußtmachen, uns über sie Rechenschaft ablegen, sie untereinander austauschen, nur da können wir sie auch korrigieren, wo sie sich im Umgang miteinander als hemmend auswirken. Nur so können Bilder aus der Kindheit abgelöst werden, ohne daß Glaubensängste und -nöte entstehen oder aber die Flucht in den Atheismus als die einzige Lösung erscheint.

Vielleicht können wir dann auch lernen, was es heißt, daß im christlichen Glauben ein sterbender Gott verehrt wird, ein Gott, dessen Sterben die Bedingung für seine Auferstehung ist. Nur durch Sterben kann Neues entstehen – das ist die uralte Weisheit der Schlange, mit der der Evangelist Johannes den erhöhten Christus gleichsetzt (Johannes 3,14).

Die christliche Botschaft vom Sohn Gottvaters, der am Kreuz stirbt, kann daher als symbolischer Ausdruck der Tatsache angesehen werden, daß das ausschließlich männliche Gottesbild sterben muß, um anderen Gottesbildern Platz zu machen, die eher geeignet sind, dem Göttlichen Gestalt zu verleihen, die sich besser eignen, sich über das Göttliche zu verständigen, da sie dem gesellschaftlichen Wandel Rechnung tragen und so berücksichtigen, daß die Verketzerung des Weiblichen nicht etwa dem Bereich des Göttlichen entsprungen, sondern lediglich die Folge des patriarchalen Männlichkeitswahns ist. Wo das Gottesbild nicht mehr wandlungsfähig ist, endet es unweigerlich in der Erstarrung und wird damit zu einem leblosen Götzen, dem eigentlichen Feind des Göttlichen.

Wenn aber der Evangelist Johannes im auferstandenen Christus die erhöhte Schlange wiedererkennt, dann hat sich für ihn bereits vor 2000 Jahren die Wandlung des patriarchalischen

Gottesbildes vollzogen. Schließlich galt die erhöhte Schlange im ganzen Orient als das uralte Symbol weiblicher Weisheit und Lebensfülle.

Hier wird uns die Auferstehung weiblicher Kräfte und Anschauungsweisen signalisiert. Diese Auferstehungsbotschaft konnte in der Tat nur von Frauen in die Welt gebracht werden, wie die Berichte aller Evangelisten erkennen lassen. Zu der Verkündigung dieser Botschaft an die Brüder wurde die Frau vom Auferstandenen selbst beauftragt. Männer haben ihr diesen Auftrag schon bald streitig gemacht. Heute sollten wir Frauen uns wieder neu auf ihn besinnen...

Geschlechterdifferenz und die Frage nach Gott

Vorbemerkungen

Wenn ich in meinen nachfolgenden Ausführungen feministische Positionen kritisiere, so tue ich dies als Feministin. Es handelt sich also dabei lediglich um eine punktuelle Kritik an feministischen Aussagen, nicht aber um eine Kritik am Feminismus insgesamt. Adressatinnen dieser meiner Kritik sind Vertreterinnen des sozialwissenschaftlichen Flügels des Feminismus, bei denen es recht einseitig um den Nachweis der Geschlechtergleichheit geht und die damit einem kurzschlüssigen Nutzdenken das Wort reden. Dies geschieht nach dem Motto, daß, wer gleichberechtigt sein will, auch gleich zu sein hat. Leider wird bei dieser Vorgehensweise noch nicht gesehen, daß damit neue Ideologien an die Stelle der alten gesetzt werden, denn was in beiden Fällen fehlt, ist eine gründliche Auseinandersetzung mit neuesten anthropologischen Daten, die wesentlich besser geeignet sind, patriarchale Vorurteile über das weibliche Geschlecht zu verabschieden als die feministische Ideologisierung der Geschlechtergleichheit, die ja letztendlich Weiblichkeit als eigene Dimension leugnet und damit mehr Weiblichkeit zerstört, als es das Patriarchat bisher vermochte.

Daß es bei der Behandlung der Frage nach der Geschlechterdifferenz ganz zwangsläufig zu Verallgemeinerungen kommen muß, liegt in der Natur der Sache, denn schließlich will ich ja ganz allgemeine Tendenzen beschreiben, die sehr wohl auch den Ausnahmen Raum lassen, ohne daß ich dies aber immer wieder thematisieren möchte. Auch setze ich als selbstverständlich voraus, daß Frauen und Männer weibliche und männliche Anteile in sich haben und auch verwirklichen sollten, so daß Weiblichkeit auch etwas Geschlechtsübergreifendes sein kann und sich nicht auf die Frau beschränkt. Inwieweit es auf diesem Hintergrund überhaupt noch sinnvoll ist, diese Begriffe zu benutzen, kann ich an dieser Stelle nicht diskutieren. Ich halte sie vorerst noch für notwendig, da sie nach wie vor geeignet sind, uns zu einer differenzierten Wahrnehmung zu verhelfen.

Geschlechterdifferenz und die Frage nach Gott

Für breite Teile der feministischen Bewegung ist die Frage nach der Geschlechterdifferenz überflüssig geworden, da für sie feststeht, daß es solche Unterschiede im Grunde genommen gar nicht gibt. Wo sie hin und wieder noch wahrgenommen werden, handelt es sich – so glaubt frau – entweder um Projektionen oder um Überreste einer konservativen Sozialisation. Sie beginnt bekanntlich bereits in der Kinderstube, wo Mädchen anheimgestellt wird, mit Puppen zu spielen, während Jungen wesentlich interessanteres Spielzeug bekommen. Inzwischen melden sich allerdings feministische Mütter, die erschrocken feststellten, daß ihre Töchter trotz Kinderladenerziehung und progressivem sozialem Umfeld die Puppe den Autos und Legosteinen vorziehen, während der Sohn – trotz Teddybär und Friedenserziehung – vom Waffenarsenal des Freundes geradezu fasziniert ist. So machen sich hier und dort leise Zweifel an der Richtigkeit des Slogans bemerkbar: »Wir werden nicht als Frauen geboren, wir werden dazu gemacht.« Simone de Beauvoir hat diese These bereits 1949 formuliert, und zwei Jahrzehnte später zierte sie die Fahnen der Frauenbewegung. Ihre Zweifel an der Richtigkeit dieses feministischen Leitmotivs dürfen Frauen jedoch nicht allzu laut äußern, wenn sie nicht vorschnell des Neokonservatismus bezichtigt werden wollen. Was einst befreiende Erkenntnis war – daß nämlich nicht alle proklamierten Unterschiede zwischen den Geschlechtern biologisch bedingt sind und daß es sich bei dem von Herrn Dr. Möbus und anderen Experten festgestellten »physiologischen Schwachsinn des Weibes«[1] schlichtweg um männliche Bosheit handelt –, ist zwischenzeitlich zu einer Gleichheitsideologie geworden. Nach dem Motto: »Wer gleichberechtigt sein will, hat auch gleich zu sein«, wird uns vom sozialwissenschaftlich orientierten Flügel der feministischen Bewegung eingehämmert, daß wir fast ausschließlich soziale Wesen sind, die als tabula rasa auf die Welt kommen und die sich bis auf die Geschlechtsorgane in nichts voneinander unterscheiden. Dank Nestlé und Gentechnologie werden sich in einer nicht allzu fernen Zukunft auch die exklusiven Gebär- und Nährfunktionen der Frau verflüchtigen und den Weg zum Unisex freimachen. So nachzulesen bei Shulamith Firestone, einer der führenden amerikanischen Feministinnen der siebziger Jahre.[2]

Ich will nicht bestreiten, daß die Relativierung bis hin zur Leugnung der Geschlechterdifferenzierung es vielen Frauen erleichtert hat, mehr Selbstvertrauen zu erlangen und mit so manchem Vorurteil aufzuräumen. Doch darf darüber nicht vergessen werden, daß Ansätze weitergeführt werden müssen und nicht zu einer Ideologie erstarren dürfen, wenn wir uns nicht der Wiederholung patriarchaler Sünden schuldig machen wollen. Schließlich geht es bei der Überwindung patriarchaler Deformationen nicht nur darum, falsche Inhalte aufzudecken, sondern genauso darum, falsche Denkstrukturen und Werturteile ad acta zu legen. Schauen wir uns daher einmal etwas genauer an, wie es zur Proklamierung der Geschlechtergleichheit kam.

Seit rund drei Jahrtausenden besteht in Orient und Okzident die Tendenz, das männliche Geschlecht auf- und das weibliche abzuwerten – und das auf jede nur erdenkliche Weise. Das antike Israel erfand den bis heute höchst wirksamen Mythos, nach dem die Frau als sekundäre Erscheinung die Weltenbühne betrat. Bei der Sündhaftigkeit wurde ihr dann aber großzügigerweise der Vortritt gelassen. Als zweite aus der Rippe oder Seite Adams von einem männlichen Gott erschaffen, brachte sie es dennoch fertig, als erste zu sündigen und den Mann ins Unglück zu stürzen. Als Strafe für das Ignorieren des göttlichen Verbots und das Hören auf die Schlange verfluchte der patriarchale Gott gleich beide, die mütterliche Erde und die Schlange, Symbol der Großen Göttin, die dem patriarchalen Jahwe um Jahrtausende vorausging und die zu verdrängen ihm äußerst schwerfiel. Aus der göttlichen Schlange, die einst die Stirn der Pharaoninnen und Pharaonen zierte und die sich auch in anderen Ländern des Orients um den Leib der Göttin schlängelt, wurde ein rein zoologisches Wesen, ein Tier, das auf dem Bauche kriecht und später nur noch geeignet war, List und Tücke sowie antigöttliche Macht zu symbolisieren. Mit anderen Worten: Die einstige Göttin wurde entmachtet und verteufelt. Göttlichkeit und Weiblichkeit sollten einander in Zukunft ausschließen, während sich nur noch der Mann mit dem Göttlichen identifizieren konnte. Der Frau selbst wurde beigebracht, ihren Geburtsschmerz als göttliches Strafgericht zu interpretieren, so daß bis in unser Jahrhundert hinein christliche Ärzte sich weigerten, der Frau vor der Geburt schmerzstillende Medikamente zu verabreichen, um nicht dem lieben Gott ins Handwerk zu pfuschen, denn schließlich war ja dem Mann von seinem Gott die Herrschaft über die Frau übertragen worden. (Erinnerung: »Er soll dein Herr sein«, 1. Mose 3,16.)

Im antiken Griechenland schufen Männer sich recht ähnliche Mythen. Dort wurde alles Übel dieser Welt Pandora zugeschoben, der griechischen Schwester Evas. Auch sie war vom Patriarchatsgott Zeus erschaffen worden, allerdings nicht zur Freude und Hilfe des Mannes, sondern als Rache für die gemeinsame Sache, die Prometheus mit den Erdenmännern gemacht hatte. Überall auf der Welt läßt sich nachweisen, daß der Aufstieg des patriarchalen Gottes den Abstieg des weiblichen Geschlechts zur Folge hatte. Durch mehrere Jahrtausende hindurch wurde die Frage nach Gott ausschließlich von Männern beantwortet, und immer ging ihre Antwort zu Lasten der Frau. Das Bild vom Mann als Abglanz Gottes und der Frau als Abglanz des Mannes, das der Apostel Paulus prägte (1. Korinther 11,7), ist bis in die Gegenwart höchst virulent geblieben – und das nicht nur in den Köpfen von Theologen und Kirchenmännern. Sie fühlten sich zu allen Zeiten berufen, ihre Spekulationen über die Gottheit als »Selbstoffenbarung« des Göttlichen und ihre Vorstellungen vom Wesen des weiblichen Geschlechts als göttliche Offenbarung, zumindest aber als die Wahrheit schlechthin, unter die Leute zu bringen.

Wann immer Philosophen und Theologen ihre Weisheiten über Wesen und Berufung der Frau von sich gaben, ging es ihnen in erster Linie darum, ihren eigenen Machtbereich auszubauen und zu legitimieren. Von seinem Gott zu Lehre und Verkündigung der göttlichen Offenbarung berufen, verbietet der Mann der Frau überall im Patriarchat, es diesem gleichzutun. Sie soll weder herrschen noch lehren, sondern schweigen und Kinder gebären und diese im Gehorsam gegenüber Mann und Gott erziehen, nachzulesen im ersten Timotheusbrief 2,15. In den Begründungen für solche Bevormundungen vermischen sich theologische mit biologischen Aussagen. Wie dieses Gemisch letztendlich aussieht, möchte ich in einer kurzen Zusammenfassung der Lehre des Thomas von Aquin aus dem 13. Jahrhundert, der bis heute höchste Autorität zukommt, darstellen: Sein historisch höchst bedeutsames Geschlechterkonzept sieht folgendermaßen aus:

Die Frau ist aus dem Mann heraus gestaltet worden. Alle Menschen sind Gottes Ebenbilder, aber Ebenbildlichkeit ist nicht Gleichheit. Weder ist Adam Gott gleich, noch ist Eva dem Adam gleich. Adam ist Gott gleich hinsichtlich seiner Stellung zur Frau, die analog zu sehen ist mit der Stellung Gottes im Universum, nämlich: Ursprung und Ziel. *Der Mann ist Ursprung und Ziel der Frau.* Sie ist dem Manne auf keinen Fall gleichwertig; *denn er kann Leben zeugen, sie nicht.* So geschieht die Fortpflanzung des menschlichen Geschlechts allein durch den Mann. Hier beruft sich Thomas von Aquin auf die alten Griechen, die glaubten, das männliche Sperma enthalte bereits den vollständigen Menschen, der im Leib der Frau nur noch etwas zu wachsen brauche. Sie ist nur das Nest, der Brutkasten oder Backofen, in dem der Same ausgetragen wird. Die Frau selbst tut nichts dazu. Thomas von Aquin attestiert der Frau eine dreifache Minderwertigkeit: die *biologische*, da sie aus dem Erstlingsgeschöpf Mann entstanden ist; die *funktionelle*, da sie nur passive Hilfe bei der Fortpflanzung ist; und schließlich die *qualitative*, da sie – anders als der Mann, der sich kraft seines höheren Geistes um das Große und Ewige kümmert – mit niederem Verstand sich nur um das Kleine, Zeitliche sorgt.

Diese Sichtweise des Thomas von Aquin faßt einen jahrtausendealten Argumentationsstrang zusammen, der durch weitere Jahrhunderte hindurch die Festlegung und Beurteilung der Geschlechtsdifferenz bestimmte. Er dokumentiert eindeutig das männliche Interesse an der Beurteilung des weiblichen Geschlechts als minderwertig im Vergleich zum Mann, während dieser in Analogie zum männlichen Gott beschrieben wird.

Auf dem Hintergrund dieser Bewertung der Geschlechterdifferenz, in der die Theologie unauflösbar mit der Anthropologie und Biologie der Geschlechter verknüpft wurde, erscheint es durchaus verständlich, wenn Frauen im Zuge ihrer Emanzipationsbestrebungen nichts mehr hören wollen von einer Beschreibung geschlechtsspezifischer Merkmale, die zudem auch noch als eine Festschreibung mit den entsprechenden Anforderungen an das jeweilige Geschlecht aufgefaßt wird. Doch enthalten die feministischen Theorien von der Gleichheit der Geschlechter einige grundlegende und daher fatale Denkfehler. Sie gehen damit den dem Patriarchatssystem zugrundeliegenden psychischen Mechanismen auf den Leim, und das in mehrfacher Hinsicht:

Erstens bedient sich der feministische Ansatz desselben dualistischen Denkens, das das patriarchale System bisher so erfolgreich angewendet hat – erfolgreich im Sinne der Verblendung und Unterdrückung des wesentlicheren Teils der Menschheit. Da geht es nur noch um ein Entweder-Oder: Entweder gibt es diese Unterschiede, oder es gibt sie nicht. Und da die Feststellung solcher Unterschiede in der Vergangenheit der Frau stets zum Nachteil gereichte, müssen sie nunmehr samt und sonders geleugnet werden. Die Gemeinsamkeit des feministischen und patriarchalischen Dualismus besteht darin, daß auf dessen Grundlage keine differenzierte Beurteilung der Geschlechterdifferenz möglich ist.

Zweitens berücksichtigt der feministische Ansatz zu wenig, daß die von ihm bekämpften Vorstellungskonglomerate von der sogenannten »Biologie« oder »Natur der Frau« nichts oder nur sehr wenig mit der wirklichen Beschaffenheit zu tun haben, sondern sich aus männlichen Projektionen, Spekulationen, Vorurteilen und falschen Bewertungen von Fakten zusammensetzen. Mit ihrem Denkansatz werten Feministinnen bedauerlicherweise patriarchales Denken auf und geben ihm nachträglich eine Bedeutung, die ihm angesichts neuester Forschungsergebnisse gar nicht zukommt.

Drittens verhindert der feministische Ansatz, der patriarchale Spekulationen der Vergangenheit auf die Biologie im allgemeinen überträgt, daß Frauen sich mit den neuesten Aussagen der Biologie und Anthropologie befassen und damit ganz wesentliche Chancen eines allgemeinen Umdenkens verspielen.

Viertens: Indem sich Feministinnen damit begnügen, eine Geschlechterdifferenz einfach zu leugnen, verdrängen sie gleichzeitig einen ganz wesentlichen Teil wissenschaftlicher Erkenntnisse, der alles andere als frauenfeindlich ist, und verhindern oder erschweren auf diese Weise wichtige Prozesse der Selbsterkennung, die durchaus geeignet sind, das weibliche Selbstwertgefühl zu stärken.

Fünftens liegt dem feministischen Widerstand gegen die Biologie ein falsches Biologie-Verständnis zugrunde. Der Vorwurf des »biologischen Determinismus«, der regelmäßig bei dem Verweis auf biologische Daten erhoben wird, zeigt, daß hier die Biologie des Menschen grundsätzlich als etwas Statisches und nicht als Ausdruck eines höchst differenzierten Zusammenspiels von Anlage und Umwelt gesehen wird.

Sechstens akzeptieren Feministinnen, sich selbst als ein ausschließlich patriarchales Produkt zu definieren, wenn sie sich nur noch als soziale Wesen verstehen. Das heißt, sie schreiben all jene Unterschiede, die der Frau eher Anlaß zu Erleichterung oder gar Stolz als zu Minderwertigkeitsgefühlen geben könnten, uneingeschränkt dem patriarchalen Konto gut. Wie sich leicht nachweisen läßt, sind die Lebensentwürfe von Frauen wesentlich stärker am Leben als an der Vernichtung orientiert als die der Männer. Auch praktizieren sie ein weitaus gemeinschaftsförderndes Verhalten als jene. Wäre es nicht ein allzu großes Kompliment an die patriarchale Weiblichkeitserziehung, wollte frau ihr allein ein derart positives Resultat zuschreiben?

Siebtens fahren die auf Gleichheit pochenden Feministinnen fort, sich über den Mann zu definieren, da sie ja nicht darüber hinauskommen, ihre *Gleichheit mit ihm* unter Beweis stellen zu wollen. Dadurch verhindern sie ihre eigene Selbstwerdung und versäumen, an der Bereitstellung positiver weiblicher Identifikationsmöglichkeiten mitzuwirken.

Achtens berauben sie sich dadurch gleichzeitig der Möglichkeit, die eigentlichen Probleme zu durchschauen, die den patriarchalen Konstrukten zugrunde liegen, und erweisen sich als genausowenig aufklärerisch wie das System, das sie bekämpfen. Ebenso wie dieses begnügt sich auch der hier angesprochene Flügel der feministischen Bewegung mit einer Hälfte der Wahrheit, und zwar mit jener, die vom Patriarchat so lange ausgeblendet wurde, daß wir nämlich *auch* soziale Wesen sind. Verkannt wird allerdings, daß wir *beides* sind, biologische und soziale Wesen, deren Verhaltensweisen und Einstellungen wohl nicht ausschließlich auf soziales Lernen zurückgeführt werden können.

Zu dieser Erkenntnis gelangte auch die feministische Soziologin Evelyne Sullerot. Nach einer gründlichen Auseinandersetzung mit anthropologischen Daten sah sie sich gezwungen, ihre Auffassung über »Die Wirklichkeit der Frau« – so lautet der Titel des von ihr bereits vor neun Jahren herausgegebenen Buches – zu revidieren. Sie beschreibt das Fazit ihrer Erkenntnisse: »Nicht alles ist genetisch, nicht alles ist hormonal, nicht alles ist umweltbedingt, nicht alles ist sozial, nicht alles ist politisch.«[3]

Allerdings werden diese Erkenntnisse anscheinend von der Furcht begleitet, die Frauen könnten auf die Idee kommen, den patriarchalen Spieß weiblicher Minderwertigkeit einfach umzudrehen, denn sie warnt davor, aus den von ihr zusammengetragenen Daten »die unleugbare oder pauschale Überlegenheit des einen Geschlechts über das andere«[4] ableiten zu wollen. Sie folgt damit André Lwoff, der in seinem Beitrag schreibt: »... die Vorstellung von der Überlegenheit eines der beiden Geschlechter muß völlig ausgeschlossen werden.«[5]

Bei der Überprüfung der uns zur Verfügung stehenden Daten können wir aber meines Erachtens sehr leicht feststellen, daß die biologischen Forschungsergebnisse zu einem überwiegenden Teil sehr wohl auf die Überlegenheit eines Geschlechts hinweisen, nur nicht auf die des männlichen. Hier regt sich der Verdacht, daß wieder einmal für die Frau wichtige Erkenntnisse verhindert werden sollen und damit dem patriarchalen Gott, der das Essen vom Baum der Erkenntnis ja bekanntlich verboten hat, Gehorsam und Verehrung gezollt wird.

Nun gibt es aber einen weiteren feministischen Flügel, der dem Gleichheitskonzept sozialwissenschaftlich orientierter Feministinnen inzwischen den Rücken gekehrt hat. Diese Frauen entwickeln auf ihrem Wege der Selbstfindung ein weibliches *Überlegenheitsgefühl*. Sie erfahren sich auf biologischer Ebene aufgrund ihrer Gebär- und Nährfähigkeit dem Mann überlegen. Weitere Daten über die geringere Sterblichkeitsrate des weiblichen Geschlechts auf allen Altersstufen, einschließlich der pränatalen Phase, sind dazu angetan, dieses Gefühl weiblicher Überlegenheit zu unterstützen, das auch noch andere Ebenen ihres Frauseins erfaßt. Auf seelischer Ebene erfahren sie sich als sensibler, intuitiver, weniger verdrängend und daher aufrichtiger und selbstkritischer als der Mann. Auf sozialer Ebene nehmen sie sich als verantwortungsbewußter, rücksichtsvoller sowie kooperations- und hilfsbereiter wahr. Schließlich wird ihnen auch noch auf geistiger Ebene von Psychologen bescheinigt, daß sie zu einer mehr ganzheitlichen Wahrnehmung tendieren als der Mann, was sich auch in ihren Denkgewohnheiten niederschlägt und zu weniger aggressiven Weltanschauungen führt, zum Beispiel auch zu weniger nationalistischen oder konfessionellen Gefühlen, da sie insgesamt in weniger trennend-spalterischem Denken verhaftet sind.

Daß all diese Erkenntnisse das Gefühl weiblicher Überlegenheit berechtigt erscheinen lassen, bestätigt den Frauen der amerikanische Anthropologe ASHLEY MONTAGU mit seinem Werk »The natural Superiority of Women«, das er bereits vor 35 Jahren verfaßt hat und das seitdem immer wieder neu überarbeitet und aufgelegt wurde. Er schreibt, daß biologische und soziale Überlegenheit an dem Ausmaß abgelesen werden kann, in dem die jeweilige Eigenschaft oder Fähigkeit überlebenswirksam ist für das Individuum und die Gruppe. Wenn Menschen länger leben als andere, wenn sie widerstandsfähiger und gesünder sind und sich so verhalten, daß damit gerechnet werden kann, daß sie und ihre Nachkommen effizienter überleben als die anderen, dann sind diese Menschen im Vergleich zu den anderen überlegen. Diese Beschreibung, die weitaus mehr auf das weibliche als auf das männliche Geschlecht zutrifft, bezieht sich nicht nur auf das unmittelbare, sondern auf das langfristige Überleben der Gruppe, das heißt die unmittelbare Familie, dann die soziale Gruppe, zu der die Familie gehört, und schließlich die ganze Gruppe[6]. Wie Montagu weiter ausführt, kann die Tatsache, daß Männer überwiegend größer und von ihren Muskeln her stärker sind als Frauen, als solche nicht als Überlegenheit gewertet werden – wie das bisher der Fall war –, wenn sie nicht zum Nutzen der Gruppe eingesetzt wird. Der Mißbrauch dieser scheinbaren körperlichen Überlegenheit, der nur allzuoft stattgefunden hat, bringt dem einzelnen und der Gruppe langfristige Überlebensnachteile, die uns mit den Atomraketen als erweiterter Muskelkraft des Mannes nur allzu deutlich bewußt wurden. Kriege, die von Männern seit Jahrtausenden ersonnen und durchgeführt werden, tragen weder zum Überleben des einzelnen noch zu dem der Gruppe bei. In einer Gesellschaft, in der die »Starken« sich selbst und die anderen vernichten, ist es offensichtlich ein Vorteil, nicht »stark« im zuvor beschriebenen Sinne zu sein. Die Stärke des weiblichen Geschlechts besteht darin, daß es zum einen insgesamt besser für das Leben ausgestattet und zum anderen stärker an lebensförderndem Verhalten orientiert ist.

Grundlage dieser Überlegenheit ist anscheinend die Priorität, die dem weiblichen Geschlecht vor dem männlichen zukommt. Dazu einige biologische Daten: Die weibliche Eizelle und das X-Chromosom bilden die Grundlage des Menschen, des Mannes genauso wie der Frau. Denn »die Geschlechtschromosomen X und Y enthalten *nicht* die Informationen für die männlichen und weiblichen Geschlechtsmerkmale, sie steuern lediglich indirekt die Verwirklichung dieser Informationen, die für *beide* Geschlechter in den *Autosomen* liegen«[7]. Jeder Mensch ist in den ersten sechs Wochen seines Lebens weiblich. Damit ein chromosomal männliches Lebewesen tatsächlich männlich wird, muß es erst mehrere Hürden überwinden. Durch vielerlei Forschungsergebnisse wird Weiblichkeit als primär Gegebenes und Männlichkeit als sekundär Gewordenes bestätigt – gleichgültig, ob es sich dabei um die Erforschung der Chromosomen, der Geschlechtsorgane, der funktionalen Unterschiede von weiblichen Eizellen und männlichen Spermien oder aber um genetische Berechnungen über den Beginn des Menschengeschlechts geht. Immer geht Weiblichkeit jeglicher Männlichkeit voraus, so daß wir nunmehr in der Lage sind, die patriarchalen Ursprungsmythen, die einen männlichen Gott an den Anfang der Schöpfung setzen und den Mann *vor* der Frau entstehen lassen, als Ausdruck einer männlichen Abwehr weiblicher Überlegenheit durch ihre Verkehrung ins Gegenteil entlarven können. Dahinter steht ein psychischer Verdrängungsmechanismus, der von ANNA FREUD hinlänglich beschrieben wurde.

Diesen Abwehrmechanismus der Verkehrung ins Gegenteil habe ich in meinem ersten Buch »Die Weiblichkeit Gottes« an vielen Stellen der patriarchalen Kulturgeschichte nachgewiesen. Ich möchte seine Wirkungsgeschichte hier noch einmal an den Aussagen des THOMAS VON AQUIN exemplarisch veranschaulichen. Die Überlegenheit des Mannes wurde von ihm mit der dreifachen Minderwertigkeit der Frau begründet. *Biologisch* galt sie als minderwertig, weil er angeblich vor ihr entstanden war. Inzwischen liegt der Nachweis vor, daß genau umgekehrt das Weibliche dem Männlichen vorausgeht. Wenn also aus der Priorität eines Geschlechts überhaupt eine Wertigkeit abgeleitet werden könnte, dann käme sie dem weiblichen Geschlecht zugute. Ihre zweite, die *funktionelle* Minderwertigkeit leitet THOMAS aus der »Tatsache« ab, daß die Frau nur passive Hilfe bei der Fortpflanzung ist. Mit dieser Auffassung hebt er nicht auf die rezeptive Haltung der Frau beim Geschlechtsakt ab, sondern auf ihre angebliche Passivität im Verlauf der Erschaffung eines Kindes, an die bis zur Entdeckung der weiblichen Eizelle im vorigen Jahrhundert noch geglaubt wurde. Wahrscheinlich war dieser Glaube nötig, um dem Mann überhaupt das Gefühl zu vermitteln, daß es sich bei den Kindern, die die Frau gebar, eben *auch* um *seine* Kinder handelte. Die biologische Wirklichkeit sieht allerdings anders aus. Sie verweist den Mann in die passive Rolle im Verlauf der Entstehung neuen Lebens, denn, so resümiert die englische Anthropologin Doris F. Jonas, »in biologischer Hinsicht besteht kaum ein Bedarf an Männern nach der Befruchtung der weiblichen Eizelle«[8]. Der schöpferische Akt des Mannes bezieht sich also nur auf wenige Sekunden, der der Frau auf zusätzliche neun Monate. Während Frau und Mann *gemeinsam* zeugen, ist die Erschaffung des neuen Menschen im Verlauf der Embryonalentwicklung *allein* das Werk der Frau, genau wie die Geburt.

Derselbe potentielle Unterschied besteht zwischen der weiblichen Eizelle und dem männlichen Spermium, das fälschlicherweise vielfach als männlicher »Same« bezeichnet wird; denn, so schreibt Ashley Montagu: »Eier haben unter gewissen Umständen die Fähigkeit, sich bereitwillig zu erwachsenen Organismen zu entwickeln, während Spermien hierzu völlig unfähig sind.«[9] Der Begriff »Same« suggeriert immer noch, trotz besseren Wissens, daß das vollständige Wesen bereits potentiell vorhanden ist und nur noch einer Nahrungszufuhr bedarf, um selbständig lebensfähig zu sein.

Die alleinige schöpferische Aktivität des Mannes im Gegensatz zur schöpferischen Passivität der Frau erweist sich also ganz klar als eine Verkehrung der Wirklichkeit, die männlichem Wunschdenken, möglicherweise auf der Grundlage eines männlichen Gebärneides, entspringt, der durch die Erfindung eines weiblichen Penisneides verdrängt wurde und heute noch wird.

Ähnliches läßt sich auch für die dritte vermeintliche Minderwertigkeit der Frau aufzeigen. Sie ist *qualitativer* Art und wird von THOMAS damit begründet, daß sich der Mann kraft seines höheren Geistes um das Große und Ewige kümmert, während die Frau sich mit ihrem niederen Verstand nur um das Kleine, Zeitliche sorgt. Daß THOMAS hiermit einen Teilausschnitt patriarchaler Wirklichkeit beschreibt, die der Mann mit den brutalsten Mitteln in jahrhundertelangen Kämpfen und einschränkenden Gesetzgebungen selbst geschaffen hatte, da er die Konkurrenz der Frau ausschalten wollte, wurde nicht nur im 13. Jahrhundert übersehen. Noch heute sind viele Frauen und Männer der Meinung, Frauen seien zu geistigem Kulturschaffen nicht in der Lage, und begründen diese Annahme damit, daß es angeblich – um nur eines von vielen Beispielen zu nennen – keine Komponistinnen gegeben hätte. Inzwischen haben Frauen ihrer rund dreitausend ausfindig gemacht, nur daß ihre Namen konstant verschwiegen und ihre Werke nicht gespielt werden. Wie sich nachweisen läßt, wurden Frauen bereits in der Antike aus kulturschaffenden Positionen, insbesondere jener der Priesterin, von Männern verdrängt und schließlich total ausgeschaltet, wobei nicht etwa das religiöse Interesse des Mannes eine wesentliche Rolle spielte, sondern seine Lust an der Macht. Das zeigt sich bis heute ganz eindeutig, wo in beiden Kirchen sich ausschließlich Männer in die institutionelle wie auch die theologische Macht teilen, während diese Männer in den Gottesdiensten kaum noch anzutreffen sind. Wo es also um das Hinhören und Belehrtwerden geht, sind 80 bis 100 Prozent der Anwesenden Frauen! Es läßt sich ganz eindeutig nachweisen, daß in unserer jahrtausendelangen patriarchalen Vergangenheit die Schaffung von biologischen wie auch theologischen Thesen, die als Tatsachen ausgegeben wurden, primär eine Machtfrage war und es – insbesondere in der Theologie – vielfach heute noch ist. Dort lebt man bis heute von den Lügen der Vergangenheit, aus denen der Mann nach wie vor seine Macht bezieht und gar nicht daran denkt, der Frau den ihr zustehenden Anteil zukommen zu lassen.

In Theologie und Kirche sprechen Männer nach wie vor von göttlicher Selbstoffenbarung, wo es doch in Wirklichkeit um Zeugnisse männlichen Größenwahns geht; so zum Beispiel, wenn ein männlich patriarchaler Gott, der sehr spät die Bühne der Menschheitsgeschichte betritt, sich als einziges göttliches Wesen und alleinigen Herrscher des Universums ausgibt und alle anderen Gottheiten anderer Zeiten und Kulturen, insbesondere Göttinnen, kurzerhand zu Götzen erklärt, oder wenn sich der Mann seinen ausbeuterischen Umgang mit der Natur durch seinen Gott legitimieren läßt, dem er die Worte in den Mund legt: »Macht euch die Erde untertan«; oder wenn Theologie und Kirche vom Göttlichen als von einer trinitarischen Männlichkeit sprechen, von der selbst Jesus noch nicht das geringste wußte, obwohl er der (angebliche) göttliche Initiator ihres Redens und Handelns ist.

Die Parallelität der männlichen Verabsolutierung des eigenen Geschlechts auf Erden mit dem monotheistischen Absolutheitsanspruch des einen Gottes, der als Herr im Himmel verehrt wird, ist ganz offenkundig. So wie Männer durch Jahrtausende hindurch alles darangesetzt haben, das weibliche Geschlecht zu marginalisieren, es für unwichtig zu erklären und seine Relevanz auf allen Ebenen menschlichen Seins in Abrede zu stellen bis hin zur Unsichtbarkeit der Frau im öffentlichen Leben und insbesondere an den Hebeln der Macht, genauso wird bis heute die Weiblichkeit göttlicher Dimensionen verdrängt und negiert. Jene aber, die sie betonen, werden als Ketzerinnen gebrandmarkt.

Legitimiert wird diese männliche Reduktion mit dem angeblichen Nachweis, Jesus Christus, der als *Herr* der Gemeinde verehrt wird, habe nun einmal Gott seinen Vater genannt. Daß er aber vom Göttlichen genauso als von seiner Mutter gesprochen hat, dürfen wir nicht wissen. Texte, die die Verehrung des göttlichen Weiblichen beinhalten, wurden aus dem neutestamentlichen Kanon ausgeschlossen und – wo möglich – vernichtet. Sie tauchen erst in unserem Jahrhundert aus dem Sand der Wüste wieder auf und belegen, daß die Reduzierung des Göttlichen auf Männlichkeit beileibe nicht von Anbeginn zum Wesen des christlichen Glaubens gehörte. So wie der irdische Vater die Mutter zur Voraussetzung hat, kann auch ein männliches göttliches Prinzip nicht ohne das mütterliche gedacht werden. Das Vaterbild, das Jesus vom Göttlichen malt, muß also inklusiv und nicht exklusiv verstanden werden. Es schließt die Mutter ein und nicht aus.

Desgleichen nimmt die Rede vom göttlichen Vater nur einen sehr beschränkten Raum ein. Wo immer nämlich Jesus vom Heiligen Geist oder aber vom Reich Gottes spricht, was wesentlich häufiger geschieht als vom Vater, da gebraucht er ein hebräisches Femininum. Der Heilige Geist ist für ihn eine Heilige Geistin (die Ruah), und das Reich Gottes ist *die Malkhut* oder *die Schechina*. Auch verdrängt die Kirche die Tatsache, daß Jesus seinen göttlichen Vater scharf abgrenzt gegen irdische Väter, die er gemeinhin für böse erklärt (Lukas 11,13). Er verbietet sogar, den für Gott gebrauchten Vaterbegriff auf die irdischen Väter zu übertragen. So sagt er beispielsweise: »Ihr sollt niemand auf Erden ›Vater‹ nennen, denn einer ist euer Vater, der im Himmel ist« (Matthäus 23,9). Hier bezieht sich die Exklusivität des göttlichen Vaters auf die irdischen Väter, nicht aber auf die Mütter. Demnach wäre wohl die Anrede des Papstes mit »Heiliger Vater« ein Verstoß gegen die Lehre Jesu, nicht aber die Anrede des Göttlichen mit »Mutter«.

Dasselbe gilt für die Anrede, die Jesus im Vaterunser gebraucht. Er lehrt das Göttliche ABBA, also Papa oder Väterchen, zu nennen, eine kindliche Lallform, der die Mama-Anrede zumeist vorausgeht. Auch das Verhalten des von Jesus beschriebenen göttlichen Vaters ist bei genauem Hinsehen durch und durch weiblich und paßt ganz und gar nicht in patriarchale Vorstellungen vom Vatersein. Im Gleichnis vom verlorenen Sohn wartet der Vater jahrelang auf die Heimkehr des jüngeren Sohnes, der in die Fremde gezogen ist und dort sein Erbe verpraßt hat. Als er in heruntergekommenem Zustand endlich zurückkehrt, läuft ihm der Vater schon von weitem entgegen und fällt ihm – nach gut mütterlicher Art – um den Hals. Er bereitet ihm ein Fest und kleidet ihn neu ein, ohne Rechenschaft zu verlangen über den Verbleib des Geldes, auch ohne ihm eine Mahnrede zu halten oder gar die Bedingungen für das Verbleiben im Vaterhaus vorzulegen. Ein solches Verhalten war bis in die patriarchale Gegenwart hinein für Väter unüblich. Für einen rechten Vater hatte das Patriarchat ganz andere Verhaltensregeln festgelegt. Die Diskrepanz zu irdischen Vätern aller Zeiten tritt hier also ganz besonders zutage, während die Nähe zum Mütterlichen nicht zu übersehen ist. Jesus benutzt also sein Bild des göttlichen Vaters, um weibliche Verhaltensweisen als vorbildlich darstellen zu können, nicht aber, um Weiblichkeit als nicht göttlich zu brandmarken, wie es Kirchenväter durch zwei Jahrtausende hindurch getan haben. Würden wir in gleicher Weise Jesu Rede vom Reich Gottes – von der weiblichen Malkhut, wie es im Hebräischen heißt – einer Analyse unterziehen, so kämen wir zu dem Ergebnis, daß es sich hierbei um Antithesen zur patriarchalen Gesellschaftsstruktur handelt, die jedoch in auffallender Nähe zu matriarchalen Strukturen und Weltbildern stehen.

Für die Malkhut gebraucht Jesus Bilder vom Backen und Flicken, von Aussaat und Ernte, von Reife und Fruchtbarkeit, die alle in den weiblichen Tätigkeitsbereich gehören. Auch die kostbare Perle, mit der er das Reich Gottes vergleicht, ist ein uraltes weibliches Symbol. Um dies feststellen zu können, müssen wir uns allerdings um Studiengebiete bemühen, die außerhalb der Theologie liegen, denn sie wurden fein säuberlich ausgegrenzt, da sie angeblich nichts mit ihr zu tun haben. In der Theologie wird vielmehr nach wie vor bibelimmanent argumentiert. Religionsgeschichtliche, psychologische und anthropologische Erkenntnisse werden ausschließlich zu apologetischen Zwecken eingesetzt, also nur dort, wo es darum geht, den theologischen Standpunkt zu untermauern. Wird er jedoch in Frage gestellt, wird mit Ausgrenzung reagiert.

Der Prozeß der Verdrängung des Göttlich-Weiblichen muß analog gesehen werden zur Verdrängung des Wissens um die biologischen wie auch geistig-seelischen schöpferischen Kräfte der Frau, denn in beiden Fällen können wir denselben Abwehrmechanismus der Verkehrung ins Gegenteil feststellen. Genauso wie der Mann von sich behauptete, der Erstling der Schöpfung zu sein, und sich selbst schließlich als alleinigen Urheber menschlichen Lebens ein mythisches Denkmal setzte, genauso wurde der patriarchale Männergott an den Anfang der Menschheitsgeschichte oder besser der Weltgeschichte zurückprojiziert. Die dort lange vor ihm ansässige Göttin, von der es hieß, sie habe den Kosmos geboren, wurde verketzert und außer Kraft gesetzt und schließlich ihre Verehrung unter Todesstrafe gestellt.

Die Jahrhunderte währenden Frauenverbrennungen, bei denen der Dianakult, die Verehrung der alten Göttin durch die Frauen also, eine gewisse Rolle gespielt hat, sind hierfür ein beredtes Beispiel. Außerdem wird bis heute die Tatsache, daß das Göttliche im Patriarchat nur männlich gedacht werden kann, als Begründung dafür genommen, daß Frauen weder Priesterinnen noch Theologinnen sein können. Sollten sie sich dennoch zu theologischen Aussagen erdreisten, so werden diese als »Teufelswerk«, »illegitime Theologie« oder auch als »verstiegener Umgang mit der Bibel« – alles Originalton Kirche – diffamiert.

Auf zweierlei Weise wird die Unterbindung der metaphysischen Repräsentanz des Weiblichen im Gottesbild auch heute noch verteidigt: Zum einen wird argumentiert, Gott habe sich nun einmal in der Vergangenheit nur Männern und als eindeutig männliches Wesen offenbart, genauso wie sich in früheren Jahrhunderten auch die eigenartige Biologie des männlichen und weiblichen Geschlechts ausschließlich Männern offenbarte. Frauen vergangener Kulturen wußten noch, daß die Göttin aller Schöpfung vorausging, das Männliche sich also aus dem Weiblichen ableitete, wie dies ja heute auf allen Ebenen bestätigt wird.

Zum anderen können wir aber von Theologen auch hören, Gott sei weder männlich noch weiblich. Gott als Vater, König, Richter und Herr der Heerscharen – das seien eben nur Sinnbilder des Göttlichen. In Wirklichkeit müsse Gott als Neutrum angesehen werden. Die Analogie zu jenem feministischen Flügel, der die Aufhebung der Geschlechterdifferenz proklamiert, ist nicht zu übersehen.

Doch was wäre, wenn wir diese Theologen beim Wort nähmen? Müßten sie sich dann nicht ganz vehement für die Prägung eines weiblichen Gottesbildes einsetzen, um so der geschlechtlichen Einseitigkeit des patriarchalen Männergottes zu jener Ausgewogenheit zu verhelfen, die mann – aber auch frau – von einem Neutrum erwarten könnte?

Nun, das wäre zwar logisch gedacht, aber wahrscheinlich nicht theo-logisch. Und wie stünde es mit dem Argument, daß ausschließlich dem primären Geschlecht die alleinige Repräsentanz als alleiniger Abglanz des Göttlichen zuzuschreiben sei?

Auch hier wäre die Wiederbelebung der Großen Göttin –

genauso wie die Einsetzung der Frau als Herrscherin auf den Stühlen kirchlicher und gesellschaftlicher Macht – die einzig logische, diesem Denken immanente Konsequenz. Da Männer sich ja bekanntlich als die einzigen Sachwalter der Logik verstehen, scheinen sie diese Konsequenz wohl zu kennen und setzen – verständlicherweise – weiterhin alles daran, die Frucht vom Baum der Erkenntnis – anders als Eva es einst tat – nicht mit der Frau zu teilen, oder aber nach dem altbewährten Vorbild des Vogel Strauß den Kopf vor unangenehmen Erkenntnissen in den Sand zu stecken.

Sophia und Heilige Ruah,

Ansätze eines weiblichen Gottesbildes in der Bibel

Vorbemerkungen

Ich möchte mit Ihnen jetzt eine Reise durch die Bibel machen, um dort Sophia, die Weisheitsgöttin, sowie die Heilige Ruah, die im Christentum zum Heiligen Geist wurde, aufzusuchen. Damit Sie mit mir auf dieser Reise möglichst viele Entdekkungen machen können, bedarf es vorab einiger Klarstellungen. Für eine solche Reise müssen nämlich einige Voraussetzungen erfüllt sein, die ich Ihnen gleich nennen werde. Vor allem aber sollten Sie offen sein für Neues und dies nicht unbedingt am Althergebrachten messen. Wer eine Reise nach Spanien oder Kenia macht, sollte dort nicht Sauerkraut und deutsches Bier erwarten und den dortigen Speisezettel bespötteln.

Ich brauche Ihre Offenheit für neue Inhalte.

Der renommierte Verlag für Reiseführer, DuMont, arbeitet seit Jahren mit dem Slogan: »Man sieht nur, was man weiß.« Dies gilt natürlich für frau in gleicher Weise. Unsere Wahrnehmungsfähigkeit hängt immer auch mit unserem Vorwissen zusammen. Ich baue auf gewissen Denkvoraussetzungen auf, die in der Auseinandersetzung mit feministischer Theologie immer wieder zur Sprache kommen und die ich daher ganz kurz thematisieren möchte.

Erstens setze ich bei Ihnen ein aufgeklärtes Bibelverständnis voraus, das in der Bibel ein religionsgeschichtliches Dokument sieht und nicht die exklusive Selbstoffenbarung des Göttlichen als einzig gültige Wahrheit.

Zweitens gehe ich davon aus, daß Sie sich bereits mit der Frage nach dem Gottesbild befaßt haben und dieses daher nicht mehr mit dem Göttlichen an sich identisch sehen. Auch daß es sich bei unserer Rede von Gott immer nur um Bilder des Göttlichen handeln kann, die zeitbedingt und geschlechtsabhängig sind, sollte dabei klar sein.

Drittens hoffe ich, daß Ihnen die feministische Bibel- und Theologiekritik bekannt ist, die immer wieder auf die Androzentrik, die Mannzentriertheit biblischer Texte wie auch theologischer Exegesen hinweist. Was Frauen in den rund 2000 Jahren jüdisch-christlicher Tradition gedacht, geglaubt und wie sie Texte interpretiert haben, erfahren wir aufgrund einer exklusiv männlichen Redaktionsgeschichte nirgends.

Viertens wünsche ich mir, daß Ihnen die feministische Patriarchatskritik einigermaßen bekannt ist. Sie geht davon aus, daß die weltweite ökologische Krise wie auch der Rüstungswahn und die ungerechte Verteilung der Güter auf die Einseitigkeit männlichen Denkens und Handelns zurückgeht, das Frauen im Laufe der Jahrtausende aus allen verantwortlichen Bereichen von Religion, Wirtschaft und Politik hinausgedrängt und Männlichkeit über alles gefeiert hat. Zu beachten wäre an dieser Stelle allerdings, daß eine männerkritische nicht mit einer männerfeindlichen Haltung gleichzusetzen ist, was leider häufig geschieht.

Fünftens bedarf es des Wissens um die Tatsache, daß unserem patriarchalen, an Männlichkeit orientierten Weltbild – das einen männlichen Gott, der ursprünglich ein Stammesgott und kriegerischer »Herr der Heerscharen« war, an den Beginn der Schöpfung plaziert – ein matriarchales Weltbild vorausging, dessen Anhänger/innen als schöpferische Urkraft eine Göttin in ihren vielfältigen, Leben und Tod schenkenden Aspekten verehrten. Dies matriarchale Weltbild war allerdings so stark in den Seelen der Menschen verankert, daß es zu keiner Zeit gelang, es völlig auszutilgen. Trotz des vehementen Kampfes gegen wesentliche Aspekte dieses Weltbildes konnte nicht verhindert werden, daß es auch in die biblischen Texte mit einfloß und dort heute noch nachgewiesen werden kann.

Sechstens möchte ich noch auf die für viele von Ihnen sicherlich problematische Verwendung der Begriffe »weiblich« und »männlich« hinweisen, auf die insbesondere Frauen inzwischen – teilweise zu Recht – allergisch reagieren. Sie wittern in ihnen alte Klischees mit Aufforderungscharakter, denen sie sich nicht mehr stellen wollen. Dennoch liegt in diesen beiden Begriffen alles beieinander: Wahrheit und Klischee, von Männern ausgebeutete Normen und in der Tiefe begründete Seinsweisen der Geschlechter. Weiblichkeit und Männlichkeit umfassen zudem mehr als das individuelle Personsein von Frau und Mann. Sie sind geschlechtsübergreifende Kategorien, die zum einen in beiden Geschlechtern, zum anderen im außermenschlichen Bereich wahrgenommen werden, die sich aber dennoch überwiegend und vorrangig in *einem* Geschlecht manifestieren – global gesehen, versteht sich. Sie sind aber auch kulturhistorische Größen, die entsprechenden Wandlungen unterworfen sind. Ich benutze hier die Vorstellungen von weiblich und männlich im herkömmlich-patriarchalen Verständnis, nur daß ich ihnen eine andere Wertigkeit zukommen lasse.

Ganz sicher wäre jeder der von mir genannten sechs Punkte eines eigenen Referats würdig; dennoch will ich mich nunmehr meinem eigentlichen Thema zuwenden.

Man sieht nur, was man weiß

Wer im jüdisch-christlichen Glauben erzogen wurde, ist mit dem Gedanken groß geworden, daß diese Welt von einem männlichen Geist im Alleingang aus dem Nichts erschaffen wurde. Durch das Wort Gottes, durch seinen Befehl sozusagen, entstand diese Welt. So können wir es auf der ersten Seite der Bibel nachlesen. Doch so ganz stimmt dieses Bild nicht, denn bevor das göttliche Wort gesprochen wird, erfahren wir von einer weiblichen Kraft, von der *Ruah*, der Heiligen Geistin, die über den Wassern schwebt. Die Wasser oder Urtiefen und die Ruah scheinen so etwas wie Grundgegebenheiten der Schöpfung zu sein. Die Urwasser oder Tehom, wie sie im Hebräischen heißen, gelten in allen Kulturen als das weibliche Urbild der Materie und des Chaos, in dem ungeordnet noch alle Möglichkeiten der Entwicklung unterschiedlichster Lebensformen enthalten sind. So ist auch in dem Begriff »mater« oder Mutter noch die Vorstellung von Materie enthalten.

Wie sich aber das gesamte Leben auf dieser Erde dem Wasser verdankt, so ist auch unser individuelles Leben – phänomenologisch jedenfalls – aus dem Fruchtwasser des Mutterschoßes hervorgegangen. Das babylonische Schöpfungsepos »enuma elish« kennt diese Urwasser als Göttin Tiamat, deren Name auch in dem hebräischen Wort Tehom enthalten ist. Der babylonische Schöpfungsbericht beschreibt, wie Tiamat von einem ihrer Enkelsöhne, dem Gott Marduk, getötet wurde.

Aus ihrem Leib erschafft er dann schließlich die Welt. Die Vernichtung der weiblichen Basis wird hier also ganz offen beschrieben. So einfach macht es uns die Bibel nicht. Aber ähnlich wie es im babylonischen Text heißt, Marduk habe die Tiamat durchbohrt und zerstückelt, haben die biblischen Schreiber ihnen vorliegende Mythentexte zerstückelt und nach ihrem Belieben wieder zusammengesetzt, wobei selbstverständlich eigenen Bedürfnissen entsprechend ausgelassen und ergänzt wurde. Von dem babylonischen Schöpfergott heißt es, daß er sich vor den anderen Göttern als machtvollster unter ihnen ausweisen mußte, indem er durch Befehl vernichten und erschaffen konnte. Auch hier haben wir es also mit einer Schöpfung durch das Wort zu tun genau wie im biblischen Schöpfungsbericht, wo es zu Beginn heißt: »Gott sprach: Es werde Licht, und es ward Licht.« In älteren matriarchalen Schöpfungsmythen ist es die Göttin, die das Licht aus dem Dunkel ihres Schoßes gebiert. Hier nun wird der weibliche Gebärakt durch das männliche Wort abgelöst. Dennoch geht diesem Wort auch im Alten Testament das weibliche Geistprinzip voraus, das als Ruah über den weiblichen Urwassern oder Tehom schwebt. So ganz konnten diese Kräfte also nicht geleugnet werden. Mit diesen beiden Urkräften, dem Wasser und dem weiblichen Geist oder der Geistin, wie Frauen die Ruah auch nennen, werden die beiden äußersten Pole weiblicher Wirklichkeit beschrieben. Sie charakterisieren den Beginn allen Seins. Geist und Wasser, physikalisch ausgedrückt: Energie und Materie, sind die zwei Seiten derselben Medaille, aus der die Bausteine des Lebens hervorgehen. Der schaffende Gott ist demnach das Geschöpf dieser uranfänglich weiblichen Kräfte – mythologisch gesprochen der Sohn der Göttin. Erschaffendes weibliches Prinzip und geschaffenes männliches, das ist das Grundmuster des matriarchalen Weltbildes, das im Patriarchat in sein genaues Gegenteil verkehrt und damit streckenweise absurd wird. So zum Beispiel wenn Adam nicht mehr von Eva geboren wird, sondern er ihr vorausgeht und sie aus ihm entsteht. Oder wenn Zeus seine Tochter Athene aus dem Kopf gebiert. Oder aber wenn es von dem ägyptischen Gott Amun-Re heißt, er nahm seinen Phallus in die Hände, erzeugte Lust und schluckte sein Sperma, um dann schließlich die Schöpfung auszuspucken. Hier im 3. Jahrtausend v. Chr. ist Schöpfung bereits ein Akt einsamer Onanie. Allen diesen Schöpfungsvorstellungen ist die Tatsache gemeinsam, daß ihnen kein Anteil an der Realität zukommt. Für sie gibt es kein konkretes Vorbild in der Natur; sie sind ganz einfach männliche Kopfgeburten und keine Beschreibung eines zu beobachtenden Phänomens.

Die Erwähnung der weiblichen Grundkräfte des Lebens, Wasser und Geist oder Ruah, zeigt, wie lebendig die Erinnerung an das matriarchale, an das ursprüngliche Weltbild zur Zeit der Abfassung des Textes noch gewesen sein muß. Wo es um Schöpfung neuen Lebens geht, bedarf das Männliche des Weiblichen. Das gilt aber nicht nur auf physisch-biologischer Ebene. An vielen Stellen der Bibel klingt es noch durch, daß die Selbsterneuerung des Männlichen nur durch die Hereinnahme weiblicher Kräfte geschehen kann. Eigentlich geht es aber um mehr als um die Integration des Weiblichen. Es geht vielmehr um eine umfassende Erneuerung. Wo Menschen in der Bibel von der Ruah ergriffen sind, da geschieht an ihnen etwas grundsätzlich Neues, etwas Unvorhergesehenes. Da bleibt nichts beim alten.

Die Notwendigkeit einer Neuwerdung des Mannes erklärt Jesus dem Pharisäer Nikodemus in einem nächtlichen Gespräch: »Wahrlich, wahrlich, ich sage dir: Es sei denn, daß jemand aus Wasser und Geist geboren werde, so kann er nicht in das Reich Gottes kommen« (Johannes 3,5). Hier verweist Jesus auf die beiden weiblichen Urkräfte, die am Beginn der Schöpfung stehen. Zum Reich Gottes hat das Alte, das Patriarchale, keinen Zugang. Das drückt der Evangelist Johannes auch noch an anderer Stelle ganz unmißverständlich aus, wenn er sagt, daß die Zugehörigen zum Reiche Gottes nicht vom Willen eines Mannes geboren sind (1,13). Sie müssen eine geistige Erneuerung erfahren haben. Das Alte muß vergeben.

Was aber mutet Jesus einem Mann wie Nikodemus eigentlich zu, wenn er von ihm eine Neugeburt aus Wasser und Geistin verlangt? Wie wir wissen, ging es Nikodemus als Pharisäer darum, durch das Einhalten kultischer Reinheitsvorschriften ein besonders frommes, Gott wohlgefälliges Leben zu führen. Die so wichtig genommenen Reinheitsvorschriften aber richteten sich in besonderer Weise auch gegen das weibliche Geschlecht, das bereits in vorchristlicher Zeit als kultisch unrein galt.

Göttlichkeit und Weiblichkeit waren in diesem Weltbild zu extremen Gegensätzen geworden. Eine Erneuerung konnte sich also nur ereignen, wenn das Göttliche und das Weibliche wieder zu einer Einheit zusammengefügt wurden. Nicht an den göttlichen Vater erinnert Jesus daher den Pharisäer, sondern an die beiden weiblichen Urkräfte, denen die Schöpfungsmacht, also die Möglichkeit der Erneuerung, zukommt. Daß Jesus selbst keinen Anteil an patriarchalen Strukturen hat, veranschaulichen Matthäus und Lukas, indem sie die Schwangerschaft der Maria als von der Heiligen Ruah bewirkt beschreiben. An Jesus sollte von Anfang an das Männlich-Patriarchale keinen Anteil haben. Das hatten die Evangelisten ganz eindeutig der Botschaft Jesu entnommen. Bei Markus sagt er nämlich, daß es im Reich Gottes wohl Beziehungen geben wird, die jenen zu Schwestern, Brüdern und Müttern ähneln, nicht aber Vaterbeziehungen. »Im Reich Gottes soll es«, so schreibt Jürgen Moltmann, »für alles reichlich irdischen Ersatz geben, aber nicht für den Vater.« Das aber heißt nichts Geringeres als »Patriarchale Herrschaft darf es in der neuen Familie nicht mehr geben, sondern nur noch Mütterlichkeit, Brüderlichkeit und Kindschaft vor Gott dem Vater«, wie es bei Moltmann heißt[1]. Doch möchte ich der Brüderlichkeit auch noch die Schwesterlichkeit hinzufügen, die wohl bei Markus, aber nicht bei Moltmann vorkommt.

Wie sehr Jesus die Verkündigung des Neuen durch das Weibliche am Herzen lag, wird auch noch an anderer Stelle des Markusevangeliums deutlich: »Wahrlich, ich sage euch! Alle Sünden werden den Menschen vergeben, auch die Gotteslästerungen, womit sie Gott lästern; wer aber den heiligen Geist (= die Heilige Ruah) lästert, der hat keine Vergebung ewiglich, sondern ist schuldig des ewigen Gerichts« (Markus 3,28f.). Wir haben es hier mit der wohl radikalsten Aussage Jesu zu tun, in der er ganz klare Grenzen zieht zwischen Gott und der Heiligen Ruah. Die Lästerung Gottes, auf die ja in Israel die Todesstrafe stand, kann vergeben werden, für die Lästerung des Weiblich-Göttlichen aber gibt es keine Vergebung. Mit diesen Worten zeigt Jesus einen ganz wichtigen Zusammenhang auf, den wir auch in der christlichen Religionsgeschichte nachvollziehen können: Wo die weiblich-göttlichen Kräfte negiert oder diffamiert werden, da werden gleichzeitig die vergebenden Kräfte verdrängt und zur Unwirksamkeit verdammt, denn damit werden zugleich die männlich-richtenden Kräfte immer rigoroser hervorgehoben. Das läßt sich insbesondere im Zeitalter der Frauenverbrennungen in der anbrechenden patriarchalen Neuzeit beobachten, in der gleichzeitig den Gläubigen die Vergebung gegen bare Münze verschachert wurde. Die Unterscheidung, die Jesus bei Markus macht zwischen der Ruah und Gott, wird bereits bei Paulus wieder verwischt, der schreibt: »...denn der Herr ist der Geist« (2. Korinther 3,17). Solche Verwischung der von Jesus gemachten Unterschiede, die für uns Frauen meines Erachtens höchst relevant sind, hat in der christlichen Traditionsgeschichte Schule gemacht. Sie ist bis in unsere Zeit höchst wirksam. Das möchte ich an einem weiteren Beispiel veranschaulichen.

Alle Evangelisten berichten davon, daß sich bei der Taufe Jesu der Himmel öffnete und die Heilige Ruah in Gestalt einer Taube auf ihn herabschwebte. Dabei ertönten die Worte: »Du bist mein geliebter Sohn, an dir habe ich Wohlgefallen gefunden« (Markus 1,11). Würde ich Sie jetzt fragen, wer Jesus hier als Sohn bestätigt, so erhielte ich wohl mit Sicherheit die Antwort: Hier spricht Gott, der Vater Jesu, obwohl in dem Text weder von Gott noch vom Vater die Rede ist, sondern eben von der Heiligen Ruah, die in Gestalt einer Taube erscheint. Wie am Beginn der Schöpfung schwebt sie hier über den Wassern des Jordan und zeigt den Beginn der Neuwerdung des Menschen, genauer gesagt, des Mannes an. Auch hier wird er als Geschöpf des Weiblichen, als Sohn der Ruah verstanden. Mit recht intim klingenden Worten nennt sie ihn ihren geliebten Sohn, an dem sie Wohlgefallen hat. In anderen christlichen Texten, die nicht in den Kanon aufgenommen wurden, werden die Worte der Ruah noch etwas umfassender wiedergegeben. Sie zeigen, daß eine lange Zeit des Wartens dieser Anerkennung Jesu als ihres geliebten Sohns vorausgegangen war. Im gnostischen Hebräerevangelium lauten die Worte der Ruah: »Mein Sohn, in allen Propheten erwartete ich dich, daß du kämest und ich ruhte in dir. Denn du bist meine Ruhe, du bist mein erstgeborener Sohn, der du in Ewigkeit herrschest.« Die Sehnsucht der göttlich-weiblichen Kraft nach dem erneuerten, nicht-patriarchalen Mann kommt hier ganz klar zum Ausdruck. Doch kein vorheriger Prophet konnte ihrem Maßstab für Erneuerung standhalten. Erst mit Jesus geschah die von ihr ersehnte Radikalität männlicher Erneuerung.

Inzwischen gibt es keinen Zweifel mehr, daß sich hinter den Worten der Ruah Worte der alten Weisheitsgöttin verbergen. Den Juden war sie als Chochma und Schechina bekannt. Griechen, aber auch frühchristliche Gemeinden verehrten sie als Sophia. Ruah und Chochma, Heilige Geistin und Weisheit erscheinen beide unter dem Symbol der Taube, unter jenem alten Liebes- und Friedenssymbol orientalischer Göttinnen, das auch in unserer Zeit durch die Friedensbewegung wieder neu an Bedeutung gewonnen hat. Folglich ist es auch verständlich, daß die Evangelisten diese Weisheitsgöttin mit der Ruah identifizieren.

Schließlich verweist die Identität ihrer Symbolik auf ihren inneren Zusammenhang. Daß das Wirken der Heiligen Geistin in den frühchristlichen Gemeinden zugunsten eines Law-and-order-Denkens zurückgedrängt wurde, gilt heute in der Theologie als erwiesen. Daß dieser Verdrängungsprozeß auch innerhalb der Theologie selbst stattfand, bestätigt Karl Barth, der kurz vor seinem Tode bereute, nur eine Theologie und eine Christologie, nicht aber eine Pneumatologie, eine Lehre vom Heiligen Geist, geschrieben zu haben. Im Rahmen einer männlich gedachten Trinität wußte man mit der Ruah nichts anzufangen. Hier muß die männliche Seele gespürt haben, daß sie für weibliche Kräfte nicht zuständig ist – und schon gar nicht die Seele eines Theologen. Wäre er zugleich ein Poet, so sähe es vielleicht anders aus.

Die Tatsache des Verdrängens der Göttin, des Ignorierens weiblicher Kräfte und Fähigkeiten, wird aber bereits in einem vorchristlichen Mythos thematisiert, der die Heimatlosigkeit des Göttlich-Weiblichen im Patriarchat beschreibt. In dieser Menschheitsepoche, in der »Der Mensch mit der gut geschaffenen Welt nichts anzufangen weiß«[2], irrt die Weisheitsgöttin auf der Erde umher und sucht eine Bleibe bei den Menschenkindern. Niemand nimmt sie auf, und so kehrt sie unverrichteter Dinge wieder zurück in ihre himmlischen Wohnungen. In dieser alten Form, schreibt Ernst Haenchen, »hat der Weisheitsmythos einen traurig resignierenden Sinn, göttliche Weisheit hat die Welt geschaffen, aber die Menschen wollten von solcher Weisheit nichts wissen. Darum ist das Leben so unglücklich geworden, wie wir es kennen«. Die Klage darüber, daß die Weisheit in unserer patriarchalen Gesellschaft keine Bleibe hat, wird auch in der Gegenwart geführt. So sagt ein berühmter Filmstar von unserer Zeit, daß man in ihr älter werden kann, ohne auch nur ein bißchen weiser zu werden. Auch Gabriel Marcel und Max Horkheimer stimmen darin überein, daß sie den Untergang der Weisheit in unserer heutigen Lebens- und Geisteswelt beklagen. Schließlich gab es bis in die Romantik hinein noch Dichter und Philosophen, die von der Weisheit als ihrer Lehrmeisterin inspiriert wurden. Kirche und Theologie haben es nicht vermocht, der Weisheit im Christentum eine Bleibe zu verschaffen.

Bei den frühen Christen sah das noch anders aus. Für sie nimmt der Weisheitsmythos mit der Geburt und Taufe Jesu eine Wendung. Wenn es in der Weisheitsliteratur des Jesus Sirach noch hieß, die Weisheit habe in Israel eine bleibende Stätte gefunden, ereignet sich für die Schreiber der Evangelien die Einwohnung der Weisheit in Jesus. Diese Einwohnung tritt bei der Taufe ganz offen zutage, als Jesus von dieser Weisheit als ihr geliebter Sohn bestätigt wird, dessen Fleischwerdung sie bereits in unzähligen Propheten erhofft hatte. Obwohl diese Einwohnung der Weisheit in Jesus einerseits von verschiedenen neutestamentlichen Schreibern thematisiert wird, können wir doch gleichzeitig auch hier die Verdrängung dieser Botschaft feststellen. Schauen wir uns einmal an, wie sich dieser Verdrängungsprozeß vollzog.

Im Prolog des Johannes, der sich am ersten Schöpfungsbericht des Alten Testaments orientiert, heißt es zu Beginn: »Im Anfang war das Wort, und das Wort war bei Gott, und Gott war das Wort.« Die einleitenden Worte: Im Anfang... sind durch den Schöpfungsbericht (1. Mose 1) bereits vorgegeben. Das gleiche gilt von der Vorstellung, daß die Erschaffung des Neuen auf der Grundlage des göttlichen Wortes geschieht. Die weibliche Ruah, von der wir im biblischen Schöpfungsbericht noch lesen, wird im Prolog des Johannes nicht mit übernommen. Nicht Wasser und Geist, weibliche Kräfte, stehen am Beginn der Neuschöpfung, sondern Gott und Logos – eindeutig männlich definierte Kräfte. Daß dieser Geschlechtsumwandlung wiederum ein Prozeß der Verdrängung des Weiblichen zugrunde liegt, hat Ernst Haenchen in seinem Johannes-Kommentar gezeigt. Er weist nach, daß der Schreiber des Prologs einen ihm bereits vorliegenden Hymnus verarbeitet hat. Dieser Hymnus enthielt anstelle des Logos ursprünglich die Weisheit, die ja bereits in früheren Generationen werbend durch die Welt zog und keine Aufnahme fand. In korrigierter Form könnte der Prolog ursprünglich etwa gelautet haben:

»Im Anfang war die Weisheit;
sie war die uranfängliche Gottheit.
Alle Dinge sind durch sie geschaffen,
nichts entstand ohne sie.
In ihr war das Leben,
und das Leben war das Licht der Menschen.
Und das Licht scheint in der Finsternis,
und die Finsternis hat's nicht begriffen.
Sie war das wahrhaftige Licht, das alle Menschen erleuchtet,
die in diese Welt kommen.
Sie war in der Welt, und die Welt ist durch sie gemacht,
doch die Welt kannte sie nicht.
Sie kam in ihr Eigentum, und die Ihren nahmen sie nicht auf.
Wie viele sie aber aufnahmen, denen gab sie Macht,
Kinder der Weisheit zu werden,
die an ihren Namen glauben.
Und die Weisheit wurde Fleisch und wohnte unter uns,
und wir sahen ihre Herrlichkeit,
eine Herrlichkeit des eingeborenen Sohnes
voller Gnade und Wahrheit.
Und von ihrer Fülle haben wir alle genommen
Gnade um Gnade.«

Eine mögliche Parallele zu diesem korrigierten Hymnus finden wir in den Weisheitssprüchen des Alten Testaments (8,22ff.), wo es von der Weisheit heißt: »Im Anfang, ehe Gott etwas schuf, war ich da...«

Genau wie die Ruah gehört auch die Weisheit an den Beginn der Schöpfung, denn sie existiert »von Ewigkeit her«, wie es auch heißt. Doch hat der Verdrängungsprozeß weiblicher Ursprungskräfte auch vor der Weisheitsliteratur nicht haltgemacht. Die matriarchale Vorstellung von weiblicher Schöpfungsmacht und männlicher Geschöpflichkeit wird hier wiederum in ihr Gegenteil verkehrt. Die Weisheit wird nunmehr als »Erstling Gottes« bezeichnet, die wie ein Kind vor ihm spielt. *Sie* ist *sein* Geschöpf. Das patriarchale Weltbild krankt daran, daß es die allenthalben feststellbare Priorität des Weiblichen nicht stehenlassen kann und fast zwanghaft dem Männlichen Priorität verschaffen muß.

Wenn ich Sie jetzt fragen würde, mit wem sich Jesus wohl identifiziert hat, wer ihm am nächsten stand, sozusagen seine Basis war, dann käme mit Sicherheit die einstimmige Antwort: mit Gott seinem Vater selbstverständlich; denn sagte er nicht: »Ich und der Vater sind eins«? Nun, ich will diese Worte, die Johannes überliefert, nicht in Abrede stellen, doch möchte ich darauf hinweisen, daß sie einen Raum einnehmen, der ihnen in keiner Weise zukommt. Exegeten haben längst festgestellt, daß Jesus in der frühchristlichen Gemeinde als Träger der Weisheit angesehen und teilweise sogar mit ihr identifiziert wurde. Paulus weiß, daß in Christus die Schätze der Weisheit verborgen ruhen (Kolosser 2,3; 1. Korinther 1,24–30), und auch die Evangelisten lassen die Weisheit immer wieder durch Jesus hindurchscheinen. Bereits bei seiner Geburt kommen die Weisen aus dem Morgenlande und bezeugen ihn so als den wahren Weisen.

Von dem Kind Jesus heißt es Lukas 2,40ff., daß es erstarkte, indem es mit Weisheit erfüllt wurde. Sein Zunehmen an Weisheit bildet auch den Rahmen zur Geschichte des zwölfjährigen Jesus im Tempel. Schließlich fragte bei Markus 6,2ff. die Menge erstaunt: »Woher hat er diese Weisheit und Kraft?« Ja, er wird sogar mit dem Urbild des Besitzers der Weisheit, Salomo, verglichen und als diesem überlegen angesehen (Matthäus 12,38). Auch eine ganze Reihe von Selbstaussagen Jesu wurden inzwischen als ursprüngliche Weisheitsworte erkannt. Wenn Jesus die Mühseligen und Beladenen zu sich ruft und ihnen Ruhe für ihre Seelen verheißt, so greift er auf ältere Worte der Weisheit zurück, die ja in ihm nach langem Suchen endlich ihre Ruhe findet.

Schon in den älteren Weisheitstexten heißt es, daß der Weise bei ihr als seiner Geliebten Ruhe findet (Jesus Sirach 6 und 51; Weisheit 8,16). Wenn Jesus seinen Nachfolgern das sanfte Joch und die leichte Last verheißt, so greift er Symbole auf, derer sich vor ihm bereits die Weisheit bedient. Mit Jesus tritt sie nunmehr an die Stelle des von den rechtgläubigen Männern seiner Zeit entstellten Gesetzes. Als letztes Beispiel für die Übernahme von Weisheitsworten sei noch das Jerusalem-Wort genannt, mit dem Jesus ausruft: »Jerusalem, Jerusalem, das die Propheten tötet und die steinigt, die zu ihm gesandt sind; wie oft habe ich deine Kinder sammeln wollen, wie eine Henne ihre Küchlein unter ihre Flügel sammelt, und ihr habt nicht gewollt!« (Matthäus 23,37–39). In dieser Identifizierung Jesu mit einer Henne zeigt sich die wohl auffallendste Verbindung zur Weisheit-Sophia einerseits wie auch zur Hauptgöttin Ägyptens Isis-Maat andererseits. Auf vielen Abbildungen sehen wir Isis, wie sie mit ihren weiten Flügeln nicht nur den Pharao beschützt, sondern alle, die ihrer in besonderer Weise bedürfen. Wenn Exegeten hinsichtlich der Ähnlichkeit von Weisheits-Worten und jenen der Isis-Maat immer wieder vor einem Rätsel stehen, so ließe sich die Lösung sehr rasch finden. Dazu müßten Exegeten allerdings über ihren theologischen Tellerrand blicken; denn inzwischen gibt es eindeutige Belege dafür, daß die jüdische Weisheitsliteratur ägyptischen Ursprungs ist. Es gibt eine Fülle von Übereinstimmungen in den Aussagen, die von der jüdischen Weisheit und von den ägyptischen Göttinnen Maat und Isis gemacht werden. Leider kann ich auf sie hier nicht weiter eingehen.

Statt dessen will ich noch auf jene Übereinstimmungen hinweisen, die sich zwischen der ethischen Lehre Jesu und den Weisheitslehren aufzeigen lassen. Am auffallendsten ist wohl die Tatsache, daß Jesus und die Weisheit gleichermaßen sich mit ihren Belehrungen ausschließlich an das männliche Geschlecht wenden. Dahinter steht aber nicht der übliche Sexismus, den wir ansonsten auf fast jeder Seite der Bibel antreffen können. Dahinter steckt vielmehr das Wissen, daß die Weisheit weiblich ist. Ihren Ursprung hat sie in den Weisungen der Mutter. Schließlich geht es in der neuen Lehre Jesu darum, weibliche Werte und Verhaltensweisen wie auch das matriarchale Weltbild dem männlichen Geschlecht als etwas auch für Männer des Patriarchats Verbindliches vor Augen zu führen. Das Neue ist also im Grunde genommen das ganz Alte. Die alttestamentlichen Weisheitstexte sagen ganz klar, daß der Ursprung der Weisheit weiblich ist, wenn sie sie als mütterliche Weisung verstehen, während der Vater als Vermittler von Ge- und Verboten angesehen wird. Ein Gebot aber tritt kategorisch auf, ihm entspricht der Gehorsam, eine im Patriarchat besonders gezüchtete Tugend der Untertanen. Eine Weisung hingegen ist als ein Rat zu verstehen. Rat aber besagt, daß die Weisung für das Handeln unter Rücksprache mit dem eigenen Wohlbefinden des Menschen vor sich geht. Die Weisheit will keinen Untertanengeist, sie will den mündigen Menschen, der die Verantwortung für sein Handeln übernimmt, da es aus seinen eigenen Schlußfolgerungen hervorgeht. Sie verweist die Menschen weder an Priester und Propheten noch an die Einhaltung eines Gesetzes, sondern ausschließlich an die eigene Vernunft und Wahrnehmungskraft, die sie zu ihrem eigenen Wohlergehen nutzen können. Denn, so lehrt die Weisheit: »Ein barmherziger Mann tut sich selber Gutes, aber ein unbarmherziger betrübt sich und sein eigen Fleisch« (Sprüche 11,17). Diese Selbstverantwortlichkeit des Menschen nimmt auch in der Lehre Jesu einen zentralen Stellenwert ein, doch wurde sie schon recht bald verdrängt, da sie seinen männlichen Nachfolgern wohl kaum Gelegenheit bot, ihre Machtgelüste voll auszuleben, wie sie es ja später taten. Nicht sein Kreuz ist bei Jesus das Zentrum der Schuldvergebung, sondern die eigene Vergebensbereitschaft. »Vergebt einander, so wird euch vergeben. Richtet nicht, so werdet ihr nicht gerichtet. Seid barmherzig, so werdet ihr Barmherzigkeit erlangen. Mit welcherlei Maß ihr meßt, werdet ihr gemessen werden.« Das ist der Kern der Vergebungslehre Jesu. Von der sündenvergebenden Kraft seines Blutes hat er selbst wohl noch nichts gewußt.

Wenn Jesus in der Bergpredigt die Friedfertigen, Sanftmütigen, Demütigen und Gerechten seligpreist, so betont er damit nicht nur typisch weibliche Verhaltensweisen als heilsrelevant, sondern knüpft damit wiederum an Weisheits-Worte an, die lehren: »Die Weisheit ist bei den Demütigen. – Gut hilft nicht am Tag des Zorns, aber Gerechtigkeit errettet vom Tod.« Oder: »Die Gerechtigkeit der Frommen wird sie erretten, aber die Verächter werden gefangen in ihrer Bosheit« (Sprüche 11). Ganz deutlich wird hier gesagt, daß nicht ein bestimmter Glaube dem Menschen Heil oder Unheil bringt, sondern ausschließlich sein eigenes Verhalten. Jesus übernimmt diese Lehre, wenn er verkündet, daß nicht alle, die zu ihm sagen »Herr, Herr«, in das Reich Gottes gelangen, sondern jene, die den göttlichen Willen *tun* (Matthäus 7,21). So lehrt auch die

Weisheit, daß dem Menschen vergolten wird nach dem, was seine *Hände* verdient haben – und nicht etwa sein Glaube (Sprüche 12,14). Genau wie Jesus sagt die Weisheit: »Die Seele, die da reichlich segnet, wird gelabt, und wer reichlich tränkt, der wird getränkt werden« (11,25). Woher soll auf dieser Welt das Heil kommen, wenn es keine Menschen gibt, die es verwirklichen? Es kann nur durch den erneuerten, von patriarchalen Strukturen befreiten Menschen kommen, nicht aber durch ein außerirdisches Wunder.

Lassen Sie mich noch ein weiteres Beispiel für die Herkunft der Lehren Jesu aus der Weisheitsliteratur anführen. Wenn Jesus sagt: »Eure Rede sei ja, ja, nein, nein, was darüber ist, das ist vom Übel« (Matthäus 5,37), so lehrt die Weisheit entsprechend: »Wo viele Worte sind, da geht's ohne Sünde nicht ab; wer aber seine Lippen hält, ist klug« (Sprüche 10,19). Oder: »Wer seinen Mund bewahrt, der bewahrt sein Leben; wer aber mit seinem Maul herausfährt, der kommt in Schrecken« (Sprüche 13,3). Bewahrung des Lebens, das ist das Ziel der Weisheit, dem auch Jesus sich verschrieben hat. Er will dem Schwachen helfen, dem Unterdrückten Schutz und Stütze bieten, das Kranke heilen und das Heile stärken, kurz: er will dem Leben dienen – als Diener der Weisheitsgöttin, deren Hymnus mit dem Appell endet: »So höret auf mich, meine Kinder. Wohl denen, die meine Wege halten. Wer mich findet, der findet das Leben. Wer aber an mir sündigt, der verletzt seine Seele. Alle, die mich hassen, lieben den Tod« (Sprüche 8). Das Verletzen der Seele und folglich auch anderer wird hier als ein Grundübel des selbstentfremdeten, von seinem eigenen Urgrund getrennten und daher sündigen Menschen angesehen. Auch unser Wort »Sünde« beinhaltet ja dieses Abgetrenntsein. Das Verletzen der Seele ist wie der Tod auf Raten, denn ganz allmählich tötet es das Innere des Menschen ab. Durch das Verletzen der Seele wird die Erfahrung von Heil, von Ganzheit, verhindert. In diesen Zusammenhang gehört meines Erachtens auch das unbeugsame Auftreten Jesu gegen die Lästerung der Ruah, die wir mit der Weisheit gleichsetzen könnten. Diese Lästerung der Weisheit, das offenkundige Zuwiderhandeln gegen ihre Lehren über die tieferen Zusammenhänge des Lebens erweist sich in letzter Konsequenz als lebensvernichtend. Unsere ökologische Krise ist wohl die offenkundigste Veranschaulichung dieser Lästerung, für die es keine Vergebung geben kann, da es einfach unmöglich ist, zerstörtes Leben wiederherzustellen. Wurde die Weisheit im Prolog des Johannes durch den Logos, so wird sie seit der Neuzeit durch die Wissenschaft verdrängt. Als Nachfahrin des Logos lautet ihr Grundsatz gemäß Galilei: »Alles messen, was zu messen ist, und alles meßbar machen, was es nicht ist.« Diese männliche Vermessenheit wird, als menschliche Hybris deklariert, auch von Gabriel Marcel als einer der Hauptgründe für den Untergang der Weisheit in der Neuzeit angesehen. Ihm ist wohl kaum zu widersprechen.

Doch kehren wir zurück zu Jesus als dem Gesandten und Sohngeliebten der Weisheit, der im Christentum zum ausschließlichen Gesandten Gott-Vaters wurde. Nur mit Hilfe dieser ausschließlichen Identifizierung mit dem Männlichen war es möglich, ihn in einen strengen Weltenrichter zu verwandeln, obwohl er selbst doch von sich gesagt hatte: »Ich richte niemanden!« Bis heute ist für Theologie und Kirche die Männlichkeit Jesu von größter Bedeutung. Dasselbe gilt für den fast ausschließlichen Gebrauch männlicher Symbole und Sprachbilder für das Göttliche. Dabei beruft man sich mit stereotyper Monotonie auf die Tatsache, daß Jesus Gott seinen Vater genannt habe, und will nicht wahrhaben, daß Jesus auch von der Heiligen Ruah als von seiner Mutter gesprochen hat. Doch war die siegreiche Kirche nicht bereit, solche Aussagen Jesu in den Kanon aufzunehmen, da sie das patriarchale Welt- und Gottesbild der Kirchenväter in Frage gestellt hätten. Aber der Prozeß der Vermännlichung des Göttlichen beginnt bereits im neutestamentlichen Kanon. Der erste Evangelist, Markus, benutzt den Begriff Vater nur viermal für das Göttliche, während Johannes, der letzte Evangelist, 104mal von diesem Begriff Gebrauch macht. Bereits hier spüren wir die Tendenz der Schreiber von so wenig Vater wie nötig bis zu so viel Vater wie möglich. Daneben gibt es noch eine weitere Tendenz, die parallel zu dieser Vermännlichung des Göttlichen zu beobachten ist. Häufiger als von Gott als Vater spricht Jesus bei Markus vom Reich Gottes, bei Matthäus vom Reich der Himmel. Im Hebräischen haben wir es hier mit einem Femininum zu tun, nämlich mit der Malkhut oder mit der Schechina. Von ihr ist bei Markus 14mal die Rede, bei Johannes hingegen nur noch zweimal in einem einzigen Satz. Hier macht sich also – wie im Prolog des Johannes – der Logos, das

Männliche, auf Kosten des Weiblichen breit, wie übrigens überall auf der Welt.

Schauen wir uns nun die Aussagen, die Jesus von dieser Malkhut oder Schechina macht, etwas genauer an, so können wir wiederum einen engen Zusammenhang mit der Weisheit wie auch mit der Ruah feststellen. Zuerst einmal fällt auf, daß die Symbolik, mit der Jesus die Schechina beschreibt, im wesentlichen weiblich ist. Er vergleicht sie mit einer Perle, einem der ältesten Symbole für Weiblichkeit überhaupt. Er beschreibt sie in Bildern der Fruchtbarkeit und Fülle, eine weibliche Symbolik, die auch im Hinblick auf die Weisheit und Ruah recht häufig vorkommt. So werden beispielsweise Liebe, Friede, Freude, Geduld, Freundlichkeit, Güte, Gerechtigkeit und Wahrheit als Früchte der Ruah bezeichnet[3]. Das allmähliche Ausbreiten der Schechina wird mit der Zubereitung eines Sauerteiges durch eine Frau verglichen, und auch die Suche nach dem Verlorenen, der sich ja auch die Weisheit verschrieben hat, beschreibt Jesus im Bild einer Frau, die lange nach einem verlorenen Groschen gesucht hat und schließlich die Freude über das Gefundene mit ihren Nachbarinnen teilt. Spricht Jesus von der Schechina als von einem »Schatz im Akker«, so heißt es von der Weisheit: »... sie ist den Menschen ein unendlicher Schatz« (Weisheit 7,14). Schließlich heißt es auch noch, daß die Weisheit den Menschen die Schechina zeigt, denn in der Weisheit Salomos lesen wir: »Aber die Weisheit errettet die aus aller Mühsal, die sich an sie halten. Sie leitete den Gerechten geradewegs und zeigte ihm das Reich Gottes und gab ihm zu erkennen, was heilig ist« (10,9f.). Das Wissen um das Heilige wird als ein zutiefst weibliches Wissen dargestellt. Es drückt sich bis heute in dem bei Frauen weitaus häufiger und stärker zu beobachtenden Bedürfnis nach Religiosität und Spiritualität aus.

Ruah, Sophia und die Schechina bilden eine innere Einheit, sie sind sozusagen die weibliche Trinität, die sich unterschwellig durch die Bibel zieht und darauf wartet, entdeckt zu werden. Es fällt nicht schwer, in ihr die triadische Göttin wiederzuentdecken, die allen patriarchalen Männergöttern vorausgeht. Im Bild der Großen Göttin werden die drei Aspekte des Weiblichen folgendermaßen veranschaulicht: Da ist zunächst der jungfräuliche Aspekt unabhängiger, eigenständiger Weiblichkeit. Als jungfräuliche Göttin der Jagd durchstreift sie den Kosmos, die Wälder und die Wiesen. Ungebunden lebt sie nach eigenen Werten und Vorstellungen, denn sie braucht sich nicht den Bedürfnissen eines Kindes oder Mannes anzupassen. Sie gibt sich keinem Mann hin, sondern prüft ihn auf Herz und Nieren, ob er sich als künftiger Vater und Bewahrer des Lebens eignet. Auch von der Ruah heißt es, daß sie das menschliche Herz prüft und auf seine Tauglichkeit für das Reich Gottes, die Malkhut, erforscht. Auch den jungfräulich ungebundenen Aspekt finden wir in ihr wieder, wenn es heißt, sie weht, wo sie will, und tut es dem Wind gleich, von dem niemand weiß, woher er kommt und wohin er geht (Johannes 3,8).

Der zweite Aspekt ist der der fruchtbaren Mütterlichkeit. Hier binden sich die weiblichen Kräfte an das neue Leben, sie nähren und umsorgen es und verhelfen ihm so zum Wachstum. Biblisch gesprochen haben wir es hier mit dem Reich Gottes, der Malkhut oder Schechina zu tun, die mit dem nährenden und heilenden Handeln Jesu auf die Erde gekommen ist und von der Jesus in Bildern von Fruchtbarkeit und Wachstum spricht.

Der dritte Aspekt der triadischen Göttin ist jener der alten Weisen. Sie ist »die Herrin der kosmischen Ordnung und die ewige Weisheit in Person«[4]. Sie führt den Menschen durch den Tod hindurch und verhilft ihm zu neuem Leben, in das sie ihn immer wieder einweist und ihn zum rechten Leben ermahnt. Wer sich von ihr führen läßt, verharrt nicht im Tode; denn sie will für den Menschen das Leben, wie es ja auch die biblische Weisheit von sich sagt. Hier haben wir es mit einer uralten Weisheit zu tun, die alle Religionen der Menschheit einmal durchzog und die auch vor der jüdisch-christlichen Bibel nicht haltmachte, die folglich also auch nicht in den Bereich des Heidnischen abgeschoben werden kann. Dennoch wurde der weibliche Aspekt religiöser Wahrheit aus den Seelen der Menschen verdrängt.

Unsere Welt ist dabei, an der Verdrängung dieser Wahrheit zugrunde zu gehen. Männliche Herrscher bestimmen seit Jahrtausenden das Geschick dieser Erde. Sie entscheiden über Leben und Tod von Mensch und Tier sowie der Natur; sie legen fest, was gut und böse, was richtig und falsch ist, und drängen das Weibliche in ein machtpolitisches Abseits. Nach dem Prinzip: »Wie auf Erden, also auch im Himmel« projizieren sie ihr Wunschbild von einsamer Männerherrschaft an den Himmel. Sie behaupten, Gott sei Herrscher, Richter, König und Vater, und verleugnen gleichzeitig das Göttliche als Göttin, Richterin, Königin und Mutter, da sie nicht integrieren, sondern nur abspalten wollen. Um männliche Macht auf Erden legitimieren zu können, mußten sie sie auch im Himmel etablieren.

Statt auf die Heilsbotschaft der Weisheit zu hören, die das Lauschen auf die Stimme der Natur wie auch auf die eigene innere Stimme fordert, reduziert sie ihre Heilsbotschaft auf eine »Heilsgeschichte«, die sich nur den Herrschenden zu offenbaren scheint, nicht aber den Schwachen und Unterdrückten. Statt sich um das Gleichgewicht der Natur zu sorgen, scheren sie sich nur noch um das nukleare Gleichgewicht, das jede Seite zu der anderen Lasten auslegt. Statt sich an weiblichen Werten wie Sanftmut, Barmherzigkeit, Friedfertigkeit und Gerechtigkeit als Ausdruck ihrer Weisheit zu orientieren, verherrlichen sie aggressive Selbstbehauptung, die Unerbittlichkeit des Gesetzes und militärische Stärke als Ausdruck männlichen Imponiergehabes. Statt sich der Herrschaft zu enthalten und sich, wie Jesus es ihnen im Namen der Weisheit nahelegt, des Dienens zu befleißigen, verherrlichen sie männliche Gewalt- und Machtausübung über alles. Statt dem Weiblichen den ihm gebührenden Anteil am Göttlichen zukommen zu lassen und die vernichtende Einseitigkeit ihres androzentrischen Gottesbildes, das die Welt mit Hunger und Schwert erobert hat, einzugestehen, schauen sie lieber zu, wie *eine* männliche Trinität sich an die andere reiht. Vergewaltigung, Völkermord und Krieg nennt Mary Daly[5] die patriarchale, höchst unheilige, dafür aber um so realere Trinität. Auf eine andere Variante der patriarchalen Trinität verweist Robert v. Ranke-Graves, der schreibt: »Obgleich der Westen nominell christlich ist, werden wir in der Praxis von einem unheiligen Triumvirat (Drei-Männer-Gremium, C. M.) regiert, bestehend aus Pluto, dem Gott des Reichtums, Apollon, dem Gott der Wissenschaft, und Merkur, dem Gott der Diebe und Händler. Um alles noch zu verschlimmern, toben offene Zwietracht und Eifersucht zwischen diesen Dreien, wobei Merkur (der Gott der Diebe und Krämer, C. M.) und Pluto (der Gott des Reichtums, C. M.) einander

Rückendeckung geben, während Apollon (der Gott der Wissenschaft, C. M.) die Atombombe wie weiland einen Donnerkeil handhabt. Denn nachdem seine Philosophen im 18. Jahrhundert das Zeitalter der Vernunft einläuteten, hat Apoll den vakanten Thron des – zeitweise indisponierten – Zeus ... eingenommen.«[6]

Neben dieser patriarchalen Trinität des Profitdenkens, der Ausbeutung der Armen sowie des Umsetzungszwangs vernichtender wissenschaftlicher Entdeckungen ließen sich noch eine Reihe weiterer Triumvirate anführen. Doch ist ihnen allen gemeinsam, daß Kirche und Theologie ihnen bei weitem nicht so entschieden entgegentreten, wie dies bei der trinitarischen Göttin geschieht. Auf ihre Verdrängung wird nach wie vor allergrößter Wert gelegt, obwohl sie doch ein ganz wesentlicher Bestandteil der christlichen Überlieferung ist.

Doch scheint sie sich selbst in Erinnerung zu bringen und dem patriarchalen Todestrieb zu trotzen. Wie anders sollten wir die Tatsache deuten, daß ausgerechnet im Zeitalter des Feminismus die triadische Göttin die theologische Bühne betritt und sich in der Gestalt der dreigestaltigen »Protennoia«[7] vorstellt. Bei ihrer Selbstoffenbarung als androgyne Göttin handelt es sich um einen gnostischen Text, der in koptischer Sprache verfaßt wurde. 1945 gab der Wüstensand Oberägyptens ihn frei – oder sollte ich lieber sagen, daß Mutter Erde ihre geistigen Dimensionen ins Bewußtsein der Menschen rückte? Immerhin dauerte es noch über 30 Jahre, bis der Text auch in deutscher Sprache vorlag. Ich zitiere jetzt einige Verse aus der Selbstoffenbarung der Allgöttin, die sich in dreifacher Gestalt darstellt. Die Ähnlichkeit ihrer Worte mit jenen der Sophia ist unüberhörbar:

Ich bin das Haupt des Alls,
  die ich vor einem jeden da bin.
Ich bin der Ruf einer leisen Stimme,
  die ich vom Uranfang an im Schweigen bin.
Ich bin der Raum, in dem jeder Ruf erklingt,
und der verborgene Ruf, der in mir ist,
ist in dem unerreichbaren, unmeßbaren Gedanken
  des unermeßlichen Schweigens.

Ich kam herab in die Mitte der Unterwelt.
Ich ging leuchtend auf über der Finsternis.
Ich bin es,
ich ließ das Wasser hervorsprudeln.
Ich bin es,
bin verborgen in leuchtenden Wassern.
Ich bin es,
aufgegangen dem All,
einem nach dem anderen, durch meinen Gedanken.
Ich bin es,
voll des Rufes.

Ich bin mannweiblich,
Ich bin Mutter und Vater,
bei mir selbst wohnend,
mich mit mir selbst vereinigend
und mich selbst liebend.
Weil das All durch mich allein Bestand hat,
bin ich der Mutterschoß der Erkenntnis des Alls,
die ich gebäre das Licht,
das der Nacht und das des Tages.
Ich bin der zukünftige Äon.

Durch mich kommt die Gnosis,
die ich in den unaussprechlichen
und unerkennbaren Äonen bin.
Ich bin die Erkenntnis und das Wissen,
die ich einen Ruf aussende
aufgrund eines Gedankens.
Ich bin der wahre Ruf,
rufend in einem jeden,
so daß sie mich erkennen durch sie (sc die Gnosis),
weil ein Same in ihnen ist.

So hört denn auf mich, ihr Kinder der Einsicht,
hört auf die Stimme der Mutter eures Erbarmens,
denn ihr seid gewürdigt worden, das von Ewigkeit her
verborgene Mysterium zu empfangen.

Ja, das Ende dieses Äons und des ungerechten Lebens
ist nahe herbeigekommen;
und es ist erschienen der Anfang des Äons des Lichtes,
in dem es kein Wanken und keine Erschütterung mehr gibt.

Ich bin die Erfüllung des Alls,
– nämlich Meirothea, die Herrlichkeit der Mutter –
die ich erschallen lasse eine rufende Stimme
in den Ohren derer, die mich erkennen.
Und ich lade euch ein in das Licht,
das erhaben und vollkommen ist.[8]

Hier haben wir es wohl mit der höchsten Form einer Vergeistigung der Mutterreligion zu tun. Keine Pseudo-Geistigkeit eines theologischen Rationalismus, der sich außerhalb der diesseitigen Wirklichkeit in ein intellektualistisches Jenseits flüchtet. Hier wird nicht durch die Macht des Wortes alles usurpiert, an sich gerissen, sondern integriert, vereinigt: Diesseits und Jenseits, Kosmisches und Irdisches, innen und außen, männlich und weiblich, Rufen und Schweigen bilden ein großes ganzheitliches Gefüge. Hier entscheidet nicht die Macht des Wortes über richtig und falsch, Sein und Nicht-Sein, nein, *sie* ist die Macht des Schweigens und führt daher die Menschen in die Stille, die unbedingt nötig ist, um ihre leise Stimme zu vernehmen, die nicht in einer Heiligen Schrift ihren Niederschlag gefunden hat, sondern sich in jedem Menschen, der sich als von ihr geboren erlebt, als ihr Anruf ereignet.

Feministische Theologie:
Ursprung und Anliegen, Wirkungen und Reaktionen

Vorbemerkungen

Da die feministische Theologie sehr jung ist und nicht vergleichbar mit den etablierten Geisteswissenschaften, ist es relativ schwierig, sie einigermaßen »objektiv« darzustellen, zumal Objektivität im Feminismus eine besonders anrüchige Angelegenheit ist. In der feministischen Theologie ist vieles in Bewegung, was ihrem Anliegen, eine Prozeßtheologie zu sein, entspricht. Beschreibungen müssen sich daher mit dem Charakter des Vorläufigen begnügen. Auch erhebe ich nicht den Anspruch auf Vollständigkeit. Vielmehr geht es mir um die Darlegung meines ganz persönlichen Verständnisses von feministischer Theologie, wobei ich mich auf die vier im Titel benannten Schwerpunkte beschränken werde.

Vorweg möchte ich aber einen mir sehr wichtigen Unterschied aufzeigen zwischen meinem Ansatz und jenem traditioneller Theologinnen und Theologen, so daß das Anliegen beider Richtungen nicht mehr vergleichbar ist. Wird dieser Unterschied nicht berücksichtigt, so sind Mißverständnisse unweigerlich vorprogrammiert.

In der traditionellen Theologie und Verkündigung, deren Grenze durchaus fließend ist, geht es überwiegend um die Beantwortung der Fragen: Was sagt Gott wann, zu wem und weshalb? In einem zweiten Schritt geht es dann um die Aktualisierung: Was kann das für den Menschen heute bedeuten? Dabei wird in ungebrochener Naivität vom »Handeln Gottes« am Menschen oder an »seinem Volk« gesprochen, als sei dies wirklich an biblischen Texten abzulesen. In meinem Ansatz geht es dagegen primär um das Aufdecken bestimmter Absichten und Denkstrukturen, die sich in den »Gott« zugesprochenen Aussagen widerspiegeln. Wichtig ist mir dabei die Frage: Wer vertritt welches Gottesbild mit welcher Absicht und in welchem

Kontext? Daraus ergibt sich dann ganz zwangsläufig die Frage nach den Auswirkungen des jeweiligen Gottesbildes auf Frauen und Männer, Mädchen und Knaben. Wird es ihren körperlich-seelisch-geistigen Bedürfnissen gerecht? Inwieweit entspricht es noch den ethischen Anforderungen unserer Zeit? Wie geht es zum Beispiel mit den Bedürfnissen andersdenkender Menschen um? Wie mit der Natur? Und schließlich: Ist es wandlungsfähig im Hinblick auf diese Bedürfnisse? Dabei ist es ganz selbstverständlich, daß die Erkenntnisse anderer Wissenschaften so weit wie möglich berücksichtigt werden, denn sie wissen weit mehr über diese Bedürfnisse auszusagen als die Theologie. Nach den Forschungsergebnissen der historisch-kritischen Exegese ist dies der für mich sinnvollste Umgang mit biblischen Texten im Sinne eines aufgeklärten Bibelverständnisses.

Damit ist nicht gemeint, daß alle biblischen Aussagen von einer generellen Unverbindlichkeit sind. Doch richtet sich ihre Akzeptanz, ihr Wert danach, inwieweit sie geeignet sind, dem Menschen zu helfen, sich weiterzuentwickeln, zu lieben und zu vertrauen. Die Tatsache, daß ein Text in der Bibel steht, macht ihn noch lange nicht »heilig«, also geeignet, dem Menschen das Heil zu bringen, ihm bei seiner Vervollkommnung zu helfen. Dazu eignen sich nach meiner Auffassung jene Texte am besten, die uns die jesuanische Ethik und Gotteslehre vermitteln, die bis heute noch nichts von ihrer Aktualität und Lebensfreundlichkeit eingebüßt haben.

Damit ist aber wohl auch der kleinste gemeinsame Nenner gefunden, der jene feministischen Theologinnen verbindet, um deren Anliegen es nachfolgend gehen soll. Trotz unterschiedlicher Wege zeigt sich hier neben dem Frausein eine gemeinsame Basis, auf der auch Meinungsverschiedenheiten ausgetragen werden können.

Die Frage nach dem Ursprung

Wenn gemeinhin behauptet wird, die feministische Theologie sei aus der Frauenbewegung hervorgegangen, so stimmt das nur sehr bedingt. Vielmehr beweist es unsere eigene Ungeschichtlichkeit, denn immer wieder neigen wir dazu, die Geschichte unseres Geschlechts aus den Augen zu verlieren, sie nicht so minutiös festzuhalten, wie dies Männer bis heute tun. Vielleicht ist es uns auch einfach zu dumm, die Großtaten unseres weiblichen Geschlechts dazu zu benutzen, um die vermeintliche männliche Großartigkeit zu relativieren. Ein solcher Hang zur Ungeschichtlichkeit wirkt sich aber recht nachteilig auf unser weibliches Realitäts- und Selbstverständnis aus. Es erscheint mir wichtig, uns immer wieder zu vergegenwärtigen, daß auch unser Denken und Fühlen, unsere Forderungen und Bedürfnisse, unser Welt- und Seinsverständnis eine Tradition haben, eben eine weibliche Geschichte, zu deren Verdrängung wir nicht auch noch selbst beitragen sollten.

Ich bin immer wieder darüber erstaunt, wenn ich Frauentexte vergangener Jahrhunderte anschaue, wie wenig sich dort die Klarheit der Erkenntnis patriarchaler Übel von denen heutiger Frauen unterscheidet; wie sehr Frauen auch früher schon den Herren Theologen zu Leibe gerückt sind mit ihren berechtigten Vorwürfen. Ich denke dabei zum Beispiel an Frauen des vorigen Jahrhunderts, wie Hedwig Dohm, die recht scharfsinnig beobachtet hat, »Was die Pastoren von den Frauen denken«[1], oder aber an Elisabeth Malo, die »Eine Anfrage an die Herren Theologen Deutschlands aus den Kreisen christlich gebildeter Frauen« richtete[2]. Noch wesentlich weiter gingen allerdings einige Frauen in Amerika, die auch heute noch nichts an Bedeutung verloren haben. Es handelt sich um Matilda Joslyn Gage und Elizabeth Cady Stanton. Beide Frauen waren tief religiös, und daher bedrückte sie die Ungerechtigkeit, die sie im Namen Gottes an Frauen und als Frauen erlebten. Jahrzehntelang kämpften sie gegen die Doppelmoral, die in Theologie und Kirche zu allen Zeiten im Christentum Blüten trieb.

In einer recht scharfsinnigen Analyse stellte Matilda Joslyn Gage[3] bereits in der Mitte des vorigen Jahrhunderts fest: »Das Fundament der Frauenunterdrückung ist die Kirche, und die Grundlage der Kirche ist die Frauenunterdrückung.« Ihr hauptsächlicher Zorn galt Paulus, dessen Glaube und Politik die frühe Kirche geprägt hat, dessen Schriften den christlichen Glauben korrumpierten und aus der Kirche eine männliche Theokratie gemacht haben. Gage greift bereits das Bild des männlichen Schöpfergottes an, durch das das Göttliche der schöpferischen Kraft seines weiblichen Prinzips beraubt worden sei. Auf dem Internationalen Konzil der Frauen 1888 tat

Gage daher einen gewagten Schritt. Sie eröffnete die Sitzung mit einem Gebet an eine weibliche Gottheit, das Isabella Beecher Hocker verfaßt hatte. Damit aber löste sie einen Schock aus unter den anwesenden Frauen. Später verlieh Gage ihrer Enttäuschung und ihrem Entsetzen darüber Ausdruck, daß sie bei den Frauen auf Schwierigkeiten gestoßen war, da es diesen an Fortschrittlichkeit in ihren theologischen Erkenntnissen mangelte, so daß sie noch nicht in der Lage waren, die heilige Mütterlichkeit in einem Eröffnungsgebet anzuerkennen.

Erst im Alter von 67 Jahren entschloß sie sich 1893 zur Veröffentlichung ihres Werkes »Woman, Church & State« (Frau, Kirche und Staat), in dem sie das männliche Recht der Herrschaft über die Frau negiert und dem Mann das Verständnis ihrer feineren Seelenqualität sowie ihres hohen Maßes an intuitiver Denkfähigkeit abspricht. An mehreren Stellen verweist sie auf die weibliche Überlegenheit. Den Historikern warf sie vor, Frauengeschichte nie als ganze dargestellt und damit ebenso versäumt zu haben, auf die Rolle der Kirche in ihr hinzuweisen, von der Gage schreibt: »Das ungeheuerlichste System organisierten Raubes, das es je gab, ist in der Kirche zu sehen und in ihrem Verhalten gegenüber der Frau; ein räuberisches System, das der Frau nicht nur den Selbstrespekt geraubt hat, sondern auch ihre Menschenrechte, die Früchte ihres eigenen Fleißes, ihre Bildungschancen, die Ausübung ihrer eigenen Urteilskraft, ihres eigenen Willens und Gewissens.« Solche mutigen Worte verbinden Gage mit Feministinnen heute und lassen vergessen, daß sie ein ganzes Jahrhundert von unserer Zeit trennt.

Die zweite Frau ist die mit Gage befreundete Elizabeth Cady Stanton, die mit Gage ihre hohe Intelligenz und ihre tiefe Religiosität teilte. Cady Stanton legte Wert auf eine klare Unterscheidung zwischen Religion und Theologie. Für sie war Religion die Annahme einer heiligen Ordnung, die auf Vernunft und Gerechtigkeit basiert. Sie sah Religion als das Verhältnis von Menschen zu einer Gottheit, die Güte und Gerechtigkeit symbolisiert. Theologie hingegen definierte sie als eine institutionalisierte Tätigkeit, auf die Männer ein Monopol beanspruchen, als männliches Predigen und Schreiben, das letztendlich bewirkte, daß Männer sich fast auf einer Ebene mit Gott darstellten. Diese unkontrollierte Tätigkeit der Männer sah Cady

Stanton nicht nur als unvernünftig, sondern auch als blasphemisch an. Genau wie Gage protestierte auch sie bereits in frühen Jahren gegen die ungerechte Behandlung, die Frauen widerfuhr aufgrund des doppelten Maßes, mit dem sie gemessen wurden. Nach ihrer Auffassung hatte die Gottheit gleichwertige Menschen geschaffen. Daher forderte sie den Widerstand gegen Gesetze, die nicht diese göttlich gefügte Gleichwertigkeit widerspiegeln. Sie trat folglich auch gegen die Sklaverei auf und erkannte ihre Beziehung zur Frauenunterdrückung, genau wie auch heute immer wieder die Beziehung von Rassismus und Sexismus auf feministischer Seite betont wird.

Als im Jahre 1870 die Kirche von England ein Revisionskomitee einsetzte zur Bearbeitung der Bibelausgabe von 1611 und keiner Frau gestattet wurde, in diesem Komitee mitzuarbeiten, machte sie sich daran, eine Frauenbibel zu schreiben, eine Auswahl biblischer Texte mit eigenen äußerst kritischen und scharfsinnigen Kommentaren[4]. Dazu organisierte sie ein Frauen-Revisionskomitee, das aus insgesamt 23 Frauen bestand. Die Theologen ihrer Zeit verspotteten sie und nannten ihr Unterfangen absurd. Darauf konterte sie, es sei nicht absurder als der Alleingang der Männer bei der Bibelrevision. Die Reaktion auf ihre Arbeit war wohl recht typisch: Während die Männer des Revisionskomitees zu ihrer Arbeit beglückwünscht wurden, verdammte man die Frauen und diffamierte Cady Stanton als »Arbeiterin des Teufels«.

Bereits vor über hundert Jahren lehnte sie sich auf gegen den Bibelfundamentalismus, der bis heute noch nicht überwunden ist, sondern sich ganz im Gegenteil wieder wachsender Beliebtheit erfreut. Cady Stanton negierte die Verbalinspiration, die zu ihrer Zeit unter den Theologen noch an der Tagesordnung war. Sie durchschaute die Unmenge von Widersprüchen und Ungereimtheiten in der Bibel und wehrte sich dagegen, ein die Frauen dermaßen erniedrigendes Buch auch noch als »Wort Gottes« zu bezeichnen. Nach ihrer Meinung hatte eine Schrift, die die Würde der Frauen derart mit Füßen trat, nicht diesen Namen verdient und sollte daher auch nicht »heilig« genannt werden. Cady Stanton erkannte in den heiligen Büchern aller Religionen einige allgemeine Prinzipien wie Liebe, Nächstenliebe, Freiheit, Gerechtigkeit und Gleichwertigkeit eines jeden Mitglieds der menschlichen Familie. Solange sich die Bibel an diese goldenen Regeln hält und diese Prinzipien beinhaltet, ist sie wert, gelehrt zu werden. Und so resümiert sie: Als Ganzes kann die Bibel weder akzeptiert noch abgelehnt werden, da ihre Lehren zu große Unterschiede aufweisen.

In ihrem Kommentar zum ersten Schöpfungsbericht, in dem es heißt, Mann und Frau seien als Ebenbild Gottes erschaffen, schreibt sie: »Der erste Schritt beim Aufstieg der Frau in ihre wahre Position als gleichberechtigter Faktor im menschlichen Fortschritt ist die Kultivierung des religiösen Empfindens ihrer Würde und Gleichwertigkeit sowie die Anerkennung eines Ideals der Himmlischen Mutter, an die Gebete genauso gerichtet werden sollten wie an den Vater. Wenn Sprache überhaupt etwas bedeutet, dann haben wir in diesen Texten die schlichte Erklärung eines weiblichen Elements in der Gottheit, von gleicher Macht und Herrlichkeit wie das männliche. Himmlische Mutter und Vater.«

An dieser Stelle wird deutlich, wie nahe sich trotz aller Unterschiede Gage und Cady Stanton in ihren Ansichten und Zielen kamen. Eine Ähnlichkeit des Denkens, die eine lebenslange Freundschaft begründete. Ihr gemeinsames Anliegen, die Wiedereinführung eines göttlichen weiblichen Prinzips, verbindet sie mit einer Reihe feministischer Theologinnen heute, aber auch mit einem Traditionsstrang innerhalb der christlichen Tradition, der im Heiligen Geist bzw. in der weiblichen Ruah das weibliche göttliche Prinzip anerkannte. Das früheste »feministische« Manifest mit diesem Anliegen finden wir bereits in der Bibel, und zwar in der Antwort, die die Jerusalemer Frauen dem Propheten Jeremia auf dessen Vorhaltungen geben (vgl. S. 21). Zu Beginn des 6. Jahrhunderts v. Chr. war ein großer Teil der Jerusalemer Bevölkerung vor dem Ansturm der babylonischen Heere nach Ägypten geflohen und feierte dort ganz begeistert den Kult der Himmelskönigin. Auch durch die Drohung Jeremias, daß Jahwe sie ausrotten werde, lassen sich die Frauen nicht beirren. Ihre Antwort, wie sie in Jeremia 44,15–19 wiedergegeben wird, enthält bereits ganz wesentliche Elemente, die auch in der feministisch-theologischen Forschung heute eine tragende Rolle spielen:

1. Die Ablehnung religiöser Fremdbestimmung durch den Mann (Vers 16).

2. Das Durchsetzen der eigenen religiösen Bedürfnisse (Vers 17).

3. Die Rückbesinnung auf ältere religiöse Traditionen und ihren tragfähigeren Grund.

4. Das Erkennen der Beziehung zwischen einem männlich-patriarchalen Gottesbild und dem in seinem Gefolge wachsenden Männlichkeitswahn, der Krieg und Hunger zur Folge hat (Vers 18).

5. Die Integrierung von Männern (und Kindern) in den religiösen Kult (Vers 19 und 7,18).

Der Text macht deutlich, daß der Ursprung feministischer Theologie mit dem Ursprung des Patriarchats in Verbindung steht und keinesfalls in der feministischen Bewegung der sechziger und siebziger Jahre unseres Jahrhunderts zu verankern ist, auch wenn für die meisten Frauen dieser Zeitpunkt die ausschlaggebende Rolle spielt und unseren Erfahrungshintergrund darstellt. Dennoch sollten wir nicht vergessen, daß unsere Tradition älter ist als das Christentum und auch den jüdischen Propheten recht vertraut war, wenn sie auch immer wieder das Bedürfnis hatten, sich gegen sie abzugrenzen und sie zu verteufeln – eine ebenso traditionsreiche männliche Haltung.

Seit mehr als 2500 Jahren führen religiöse Bedürfnisse von Frauen, zumindest in der westlichen Welt, ein Schattendasein, gehören sie doch zu den verdrängten Anteilen des patriarchalen Monotheismus, der *eine* Form religiöser Weltsicht mit fanatischer Vehemenz und dem dazugehörigen Absolutheitsanspruch durchsetzt und nicht in der Lage ist, ein ganzheitliches Glaubensgebäude zu errichten, das den Bedürfnissen beider Geschlechter gerecht wird. In den Anliegen feministischer Theologie kommt der verdrängte Schatten der traditionellen Männertheologie auch in unserer Zeit wieder an die Oberfläche.

Das Anliegen feministischer Theologie

Wenn ich mich nunmehr den unterschiedlichen Arbeitsgebieten feministischer Theologinnen zuwende, so beschränke ich mich auf den christlich orientierten Flügel, da ich mich nicht kompetent fühle, andere Bereiche feministisch-theologischer Forschung darzustellen, wie zum Beispiel die Arbeiten jüdischer Feministinnen oder jene aus der Bewegung des Göttinnenkultes. Auch geht es mir nicht darum, die unterschiedlichen Richtungen innerhalb der feministischen Theologie darzulegen und mit bestimmten Namen zu assoziieren, denn damit sind immer auch Festschreibungen verbunden, die meines Erachtens dem dynamischen Charakter feministisch-theologischer Erkenntnisse entgegenstehen. Ich denke auch nicht daran, einzelnen Theologinnen Etiketten zu verpassen oder aber bereits vorhandene Einteilungen hier zu wiederholen[5].

Das primäre Anliegen feministischer Theologie sehe ich darin, daß sie dem weiblichen Geschlecht die geraubte Würde zurückgeben will. Dies geschieht zum einen durch die Bewußtmachung des Ausmaßes ihrer Erniedrigung und Unterdrückung im Rahmen einer umfassenden Patriarchatsanalyse und zum anderen durch die Bewußtmachung unserer matriarchalen Vergangenheit, verbunden mit der Wiederbelebung eines matriarchalen Weltbildes. Frauen erfahren auf diese Weise die Relativität eines Gesellschafts- und Denksystems, das sich selbst absolut gesetzt hat und sich für das beste aller Systeme hält. Sie erfahren damit gleichzeitig, daß auch sie ein eigenes Recht auf Weltdeutung haben und für sie keine Notwendigkeit besteht, Glaubensaussagen anzuerkennen, die mit ihren eigenen Erfahrungen nichts zu tun haben oder diesen gar widersprechen. Dazu gehört auch die Relativierung des männlichen Absolutheitsanspruchs durch die Wiederbelebung von Göttinnenbildern, mit deren Hilfe auch die göttliche Dimension des Weiblichen stärker ins Bewußtsein gerückt wird. Für eine solche Wiederbelebung gibt es gute Gründe:

Biblische Begründung

1. Da in Genesis 1,26f. – eine Stelle, auf die auch Jesus Bezug nimmt – Mann und Frau als Ebenbild des Göttlichen dargestellt werden, muß endlich auch das Weibliche als legitime Ausdrucksform des Göttlichen Anerkennung finden.

2. Jesus selbst, der ja als Sichtbarwerdung des Göttlichen verehrt wird, hat sich in vielfältiger Weise mit der Weisheit identifiziert, die im jüdischen wie auch im christlichen Glauben die weiblichen Kräfte des Göttlichen veranschaulicht und in frühchristlichen Kreisen teilweise als Göttin verehrt wurde.

Theologische Begründung

3. Da Jesus selbst das Kind mit dem Göttlichen identifiziert und der christliche Glaube sich auf die trinitarische Einheit des Göttlichen beruft (wobei allerdings die Ruah als Heiliger Geist vermännlicht wurde), ergibt sich ganz zwangsläufig eine trinitarische Formel, in der das Weibliche, das Kindliche und das Männliche als Bilder des Göttlichen zur Geltung kommen.

4. Da es Jesus in seiner Botschaft absolut nicht um die Männlichkeit seiner Gottesbilder ging, wie viele Gleichnisse erkennen lassen und wie auch Theologen zunehmend einsehen müssen, sondern es ihm vielmehr um die Veranschaulichung eines als typisch weiblich zu bewertenden Verhaltens ging, bedarf es einer größeren Eindeutigkeit bei der Symbolisierung des von Jesus beschriebenen göttlichen Handelns, die nur durch eine weibliche Gestalt gewährleistet werden kann.

Sozial-psychologische Begründung

5. Nach christlichen Vorstellungen ist der Vater Jesu ein Gott, der auf jeden Fall die Freiheit des Menschen will und ihn aus allen Bindungen herausführt, wenn dies zur Befreiung von autoritären Strukturen notwendig erscheint. Da nun aber die ausschließliche Männlichkeit des christlichen Gottesbildes die Menschen auf seelischer wie auch auf gesellschaftlicher Ebene gerade nicht in die Freiheit, sondern in die Entmündigung geführt hat, bedarf es der Erweiterung um die Kategorien des Weiblichen und Kindlichen, die mit weniger autoritären Strukturen in Verbindung stehen und daher der menschlichen Seele einen größeren Freiraum bieten.

6. Da in den Seelen vieler Menschen weltweit seit geraumer Zeit das Göttliche verstärkt in weiblicher Gestalt aufsteigt, sollte sich eine Theologie nicht das Recht anmaßen, solche Göttinnenerfahrungen als »lediglich psychisches Phänomen« abzutun, während nach wie vor Erfahrungen mit dem männlichen Göttlichen als »Selbstoffenbarungen Gottes« anerkannt werden, um so mehr, als sie in der Vergangenheit stattgefunden haben.

Wenn es innerhalb der christlich orientierten feministischen Theologie recht unterschiedliche Auffassungen über den

Stellenwert einer Wiederbelebung von Göttinnenbildern gibt, so haben diese meines Erachtens weniger rationale als vielmehr emotionale Gründe, die mit der eigenen christlichen – und hier insbesondere protestantischen – Vergangenheit zusammenhängen. Ein solcher Rückgriff auf matriarchale Welt- und Göttinnenbilder darf aber wohl nicht als ein Rückschritt gedeutet werden, wie dies häufig geschieht. Statt dessen geht es um die Hereinnahme vergangenen Traditionsgutes, das geeignet ist, Frauen Kraft zu spenden und ein stabiles Selbstwertgefühl aufzubauen. Diese Form der Bewußtseinserweiterung stellt einen ganz wesentlichen geistigen Fortschritt dar, der einer spiralförmigen Entwicklung entspricht, der nicht ein lineares Fortschrittsmodell zugrunde liegt, bei dem Regression immer etwas Negatives bedeutet, sondern in der Vergangenes immer wieder aufgearbeitet wird – allerdings auf einer höheren Bewußtseinsebene. Die Psychotherapie lehrt, wie wichtig ein solches Vorgehen für echte Weiterentwicklung und Reife ist.

Das zweite Anliegen feministischer Theologie ist die Revision christlicher Glaubensaussagen und Symbole sowie das Überdenken ihrer Verbindlichkeit für Frauen. Dabei geht es im wesentlichen um folgende Bereiche:

Neben der Infragestellung des patriarchalen Gottesbildes geht es auch um die Beweisführung, daß es sich hier nicht ausschließlich um »Frauenprobleme« handelt, für die es eine feministische Spielwiese einzurichten oder aber die es zu bekämpfen gilt, sondern um ganz grundsätzliche theologische Fragen, durch die allerdings die Vorgehensweise konventioneller Theologie in Frage gestellt wird. Da theologische Aussagen immer auch mit anthropologischen Aussagen gekoppelt sind, geht es gleichzeitig um eine Revision der geschlechtsspezifischen Unterschiede und deren Bewertung, da nach wie vor falsche Aussagen über die Geschlechterdifferenz Theologie und Kirche bestimmen.

Einen recht breiten Raum nimmt die Bewußtmachung der Androzentrik (Mannzentriertheit) im Neuen Testament, bei den Kirchenvätern und in der Theologie und Verkündigung ein. Auf alle drei Bereiche will ich nachfolgend eingehen.

1. Im Neuen Testament konzentriert sich die feministische Kritik auf Paulus, obgleich ich der Meinung bin, daß sich auch bei Jesus frauenfeindliche Ansätze nachweisen lassen, die

wahrscheinlich dem frühen Stadium seines öffentlichen Auftretens angehören, da er sich später als ausgesprochener Frauenfreund erwiesen hat[6]. Daß auch seine Jünger frauenfeindliche Tendenzen hatten, läßt sich aus diversen Textstellen, ganz besonders aber aus gnostischem Schriftgut ersehen[7].

Die Frauenfeindlichkeit des Apostels Paulus gilt nicht nur unter feministischen Theologinnen als ausgemacht, sie wurde auch in der konventionellen Theologie bereits thematisiert. Als ein klassisches Beispiel seiner Androzentrik wird auch hier vielfach sein Auferstehungsbericht (1. Korinther 15) angesehen, der nicht eine Frau als Auferstehungszeugin nennt, obgleich sich alle Evangelisten darin einig sind, daß diese Botschaft auf die Frauen zurückgeht, auf das, was sie zuerst gesehen, gehört und erlebt haben.

Aber auch das Herausarbeiten der Zweitrangigkeit der Frauen auf der Grundlage des zweiten Schöpfungsberichtes, mit dem das Herrschaftsmonopol des Mannes legitimiert wird, zeugt von der Mannorientiertheit des Paulus, die sich in der Lehre Jesu nirgends festmachen läßt. Da paulinische Vorstellungen zur wesentlichen Grundlage der christlichen – insbesondere aber der protestantischen – Theologie wurden, kann ihre Bedeutung in der Geschichte der Frauenunterdrückung gar nicht stark genug betont werden, denn schließlich reicht ihre Wirkungsgeschichte bis in die Gegenwart.

Die angebliche Christozentrik, die Neutestamentler bei Paulus immer wieder lobend hervorheben, sieht aus weiblicher Perspektive viel eher nach männlicher Egozentrik aus, die sich bei ihm an mehreren Stellen nachweisen läßt. So zum Beispiel, wenn er die verflucht, die ein anderes Evangelium verkünden als er (Galater 1,9f.), oder aber wenn er dazu auffordert, seine Nachahmer zu sein (1. Korinther 4,16). Es fanden sich viele, die diesem Aufruf Folge leisteten, und in jeder weiteren Generation seiner Schüler verschärfte sich die Androzentrik bis hin zur offenen Frauenfeindlichkeit. So wärmt der Schreiber des 2. Timotheusbriefes die leidige Eva-Geschichte wieder auf, garniert sie mit einer Lüge, mit der Behauptung nämlich, Adam sei nicht verführt worden, und tischt sie schließlich auch noch als Beweis für die generelle Minderwertigkeit und daher zur Unterwürfigkeit verpflichteten Frau auf, nicht ohne ihr neben einem Redeverbot auch noch ein Lehr- und Denkverbot zu erteilen (vgl. 1. Timotheus 2,9–15).

Selbstverständlich hängt die einseitige Androzentrik des Neuen Testaments auch damit zusammen, daß es nur von Männern aufgeschrieben wurde. Texte von Frauen liegen uns nicht vor, sei es, daß sie vernichtet, nicht überliefert oder aber möglicherweise auch unter männlicher Autorenschaft herausgegeben wurden. So wird hier und da die Frage gestellt, ob nicht vielleicht der Hebräerbrief von einer Frau, möglicherweise von Priscilla, verfaßt worden sein könnte. Ähnliches gilt für das Hohelied der Liebe in 1. Korinther 13.

2. Damit komme ich zum nächsten Punkt theologischer Androzentrik, jener der Kirchenväter, die für die Auswahl und Kanonisierung der neutestamentlichen Schriften verantwortlich sind. Dabei wurde nicht nur weibliches Traditionsgut ausgeschlossen, sondern ebenfalls für Frauen wichtige Texte, aus denen zum Teil recht frauengerechte Glaubensmodelle sprechen. Ich denke dabei in erster Linie an das gnostische Schrifttum, das in seiner reichhaltigen Fülle immer deutlicher zutage tritt. Aus diesen Texten geht eindeutig hervor, welch eine hervorragende Rolle Maria Magdalena in der frühchristlichen Bewegung, die sie teilweise als »erste Apostelin« anerkannte, innehatte[8]. Mit diesen christlichen Texten des 2. bis 5. Jahrhunderts wird nicht nur die kirchliche Haltung gegenüber der Frau in Frage gestellt, sondern auch ganz wesentliche Glaubensaussagen, die einem dogmatischen Denken verhaftet sind und die für viele Frauen, selbstverständlich aber auch Männer, inzwischen suspekt geworden sind. Ich denke beispielsweise an die Leiblichkeit der Auferstehung, an ein biologisches Verständnis der Jungfrauengeburt oder aber auch an die Frage nach der Erlösung, die mit der Kreuzestheologie sicher nicht auf die sinnvollste Weise gelöst wurde[9].

Auch das patriarchale Gottesbild wurde in vielen frühchristlichen Kreisen gnostischer Prägung nicht übernommen. Hier wird von der Heiligen Geistin (hebräisch: die Ruah) als von der himmlischen Mutter Jesu gesprochen. In vielen Kreisen wurde auch ganz selbstverständlich die Weisheitsgöttin Sophia neben dem göttlichen Vater verehrt. Bei Texten, die Maria Magdalena als eine Frau beschreiben, die das All kennt, und in ihr die Inkarnation der göttlichen Weisheit sehen, tritt die Frage nach dem Geschlecht des Verfassers oder der Verfasserin natürlich in den Hintergrund. Sie machen aber auch deutlich, daß nicht nur Frauen ausgegrenzt wurden, sondern mit ihnen auch ein ganz bestimmtes Weltbild und Glaubensverständnis, das wesentlich offener und lebensfördernder war als jenes der siegreichen Kirche.

3. Wie an keiner anderen Stelle wird gerade im Bereich der Theologie und Verkündigung deutlich, wie gering der Abstand ist zwischen Androzentrik und Frauenfeindlichkeit bis hin zum Frauenhaß, der in jahrhundertelange Frauenvernichtung umschlagen konnte. Hier hat die christliche Androzentrik einen Höhepunkt erreicht, der wohl einmalig sein dürfte innerhalb der Religionsgeschichte der Menschheit.

Über das Thema Frauenhaß im Christentum könnte mehrere Tage referiert werden ohne Anspruch auf Vollständigkeit. Ob die Frau nun zum »Tor der Hölle« erklärt wurde, wie dies Anfang des 3. Jahrhunderts durch Tertullian geschah, oder ob sie noch von einem Papst, der bis in unser Jahrhundert als Stellvertreter Christi auf Erden seinen Dienst tat, als ein Wesen beschrieben wurde, das der Mann lieben solle im Sinne des Gebotes Christi: Liebet eure Feinde – zwischen beiden Aussprüchen liegt immerhin eine fast zweitausendjährige Traditionsgeschichte der Frauenfeindlichkeit, die weder an den Toren des Protestantismus noch vor der Theologie der Gegenwart haltgemacht hat. Der wohl prominenteste evangelische Theologe unseres Jahrhunderts, Karl Barth, konnte es immerhin noch verantworten, in Anlehnung an Paulus den Mann als Alpha darzustellen, dem die Frau als Beta folgt, so daß ihr wiederum nur Sekundärcharakter zukommt. Solche Vorstellungen prägen bis heute die männliche Theologie und Verkündigung, so daß jedwedes Gerede von Gleichberechtigung zwischen Frau und Mann im Bereich der Kirche und Theologie einem bedeutungslosen Lippenbekenntnis gleichkommt.

Bei soviel theologischer wie auch anthropologischer Inkompetenz erweist sich feministisches Mißtrauen gegenüber theologischen und kirchlichen Aussagen geradezu als notwendig. Dazu gehört auch, daß zentrale Glaubensaussagen auf ihre Berechtigung hin überprüft und eigenständige Entscheidungen über Wesen und Kern der Lehre Jesu getroffen werden. Dabei ist es sicher auch nötig, die im 5. Jahrhundert getroffenen kanonischen Entscheidungen, die zu der allgemeinverbindlichen Auswahl der Texte des Neuen Testaments führten, auf ihre Gültigkeit hin zu befragen und zu überprüfen, ob sie nicht dem Glauben an die Freiheit in Christus abträglich waren und einer Unfreiheit im Glauben den Weg bereitet haben. Da sich die herkömmliche Theologie diesem Problemfeld verschließt und bei ihrer Rede von Gott christlich gnostisches Schriftgut nach wie vor unberücksichtigt läßt, ja die Bezeichnung »gnostisch« sogar vielfach noch als Schimpfwort benutzt, wird sich die feministische Theologie verstärkt diesem Bereich zuwenden müssen. Das gleiche gilt für innerchristliche Traditionen späterer Jahrhunderte, in denen das Weibliche weder aus dem Gottesbild noch die konkrete Frau aus dem Amt der Verkündigung ausgegrenzt wurden.

Aber nicht nur in der Auswahl des anerkannten Glaubensgutes macht sich die theologische Androzentrik bemerkbar, auch in den Übersetzungen und Exegesen neutestamentlicher Texte begegnen wir ihr auf Schritt und Tritt. Theologen gehen ganz selbstverständlich davon aus, daß Männern von Anfang an Machtpositionen innerhalb der Gemeinden zustanden, Frauen aber nicht. Mit anderen Worten, sie projizieren ihr eigenes patriarchales Gemeindeverständnis in frühere Jahrhunderte zurück und benutzen es für die Legitimierung gegenwärtiger Machtansprüche. So hat zum Beispiel die feministische Theologin Elisabeth Schüssler-Fiorenza[10] dargelegt, inwieweit männlichen Exegeten eine geschlechtsspezifische Übersetzung der Paulusbriefe nachzuweisen ist, ohne daß diese aus dem Text selbst abgeleitet werden kann. Die griechische Bezeichnung »diakonos« wird von Paulus unterschiedslos für Frauen und Männer gebraucht wie auch als Selbstbezeichnung. Exegeten gehen jedoch bei männlichen Diakonen davon aus, daß sie eine leitende Lehrtätigkeit innehatten, während im Fall von Frauen auf untergeordnete Diakonissentätigkeiten geschlossen wird, wie zum Beispiel Fürsorgedienste an Armen und Kranken oder aber Hilfestellung bei der Taufe von Frauen.

Insgesamt kommt Schüssler-Fiorenza zu dem Schluß, daß noch in den Paulusbriefen Frauen unter den bedeutendsten Missionaren und Leitern der frühen christlichen Gemeinden waren und Paulus als Mitarbeiterinnen zur Seite standen, ohne seiner Autorität unterstellt zu sein. Sie waren Lehrerinnen,

Predigerinnen und Prophetinnen. Als Leiterinnen von Hausgemeinden hatten sie großen Einfluß und leiteten möglicherweise sogar die Gottesdienste. Auch waren ihre Dienste nicht auf Frauen beschränkt und erschöpften sich nicht in den später bekannten spezifisch weiblichen Funktionen. Trotzdem ist durchgängig festzustellen, daß moderne Exegeten spätere Kirchenstrukturen in das Material des Neuen Testaments projiziert haben, wie überhaupt die hermeneutische Diskussion gezeigt hat, daß eine wertfreie, objektive Geschichtsschreibung eine Fiktion ist und daß sämtliche Deutungen geschichtlicher Texte von den Denkvoraussetzungen, Auffassungen oder Vorurteilen des Exegeten oder Historikers abhängen. Autorinnen betonen daher zu Recht, daß das biblische Material allzulange ausschließlich von männlichen Historikern und Exegeten studiert wurde, die es bewußt oder unbewußt von einem androzentrisch-patriarchalischen Horizont her verstanden. Wie Schüssler-Fiorenza weiter feststellt, gaben die Bibelwissenschaftler die Bibeltexte in einer sexistischen Sprache wieder und entschieden textkritische Fragen aus männlicher Sicht. Nicht nur unterließen sie es, die weibliche Bilder- und Symbolwelt der Bibel ans Licht zu heben, sondern sie nahmen auch an, sämtliche Bibelautoren seien männlich gewesen. Noch verhängnisvoller aber war für das Selbstverständnis der christlichen Frau die fraglose Annahme, allein dem Manne komme Autorität zu.

So weit die feministische Theologin, die an vielen Einzelbeispielen die Androzentrik innerhalb der Männertheologie nachweisen konnte und damit gezeigt hat, wie wichtig die Überprüfung männlicher Forschungsergebnisse durch Frauen ist, um ein einigermaßen gültiges Bild von den Gegebenheiten der frühchristlichen Gemeinden zu erhalten und endlich Schluß zu machen mit der Trivialisierung von Frauen, die sie zu Randerscheinungen innerhalb der Gemeinde werden ließ. So wäre es zum Beispiel endlich an der Zeit, der paulinischen Androzentrik, nach der der Mann der Abglanz Gottes, die Frau aber Abglanz des Mannes ist, in Lehre und Verkündigung eine deutliche Absage zu erteilen und sich von solchem Gedankengut zu distanzieren, da es in krassem Widerspruch steht zu anderen Aussagen der Bibel. Dies wäre ein erster Schritt, die Frau aus ihrer theologischen Randstellung zu befreien, zumal sie faktisch in der Gemeinde eine überwältigende Mehrheit darstellt.

Trotz ihrer so stark ins Auge fallenden Unterrepräsentanz im sonntäglichen Gottesdienst sind es fast ausschließlich Herren, die dem weiblichen Geschlecht das Wort des Herrn verkündigen, und das hat zur Folge, daß neben die biblisch-theologische Androzentrik auch jene ihrer Verkündigung tritt. Agenden und Kirchenlieder sind ausschließlich männliche Produkte, ebenso wie die Festlegung von Predigtplänen und mit ihr die Auswahl und Interpretation biblischer Texte. Daß dabei weibliche Vorstellungen und Lebensbereiche in auffallender Weise zu kurz kommen, haben inzwischen nicht nur Feministinnen erkannt. Doch bleiben trotz solcher Androzentrik die Männer dem Gottesdienst fern. Deutlicher können sie ihr Desinteresse an der christlichen Religion wohl kaum dokumentieren.

Was – so frage ich mich – wäre eigentlich geworden, wenn die hochbedeutsamen Karfreitagspredigten nicht immer nur die Darstellung des Verbrechens an Jesus als göttliche Heilstat beinhaltet hätten, sondern ebenfalls die frauenrelevanten Worte Jesu, die dieser in seiner letzten öffentlichen Rede an die um ihn trauernden Frauen richtete? »Ihr Töchter Jerusalems«, ruft er ihnen zu, »weinet nicht über mich, weinet vielmehr über euch und eure Kinder. Denn siehe es kommen Tage, wo man sagen wird: Selig sind die Unfruchtbaren und die Leiber, die nicht geboren haben, und die Brüste, die nicht gestillt haben« (Lukas 23,28ff.).

Es hätte der Frau sicherlich gutgetan, wenn ihr in Anlehnung an diese Worte Jesu ein Tag zur Trauer um ihre vielfältigen Leiden innerhalb der patriarchalen Männergesellschaft zugestanden worden wäre, wenn sie des weiteren nicht auf ihre Fruchtbarkeit festgelegt, sondern auch ihr Nein zu Nachkommen legitimiert worden wäre. Schließlich wurden ihre Söhne doch nur als Kanonenfutter und ihre Töchter zur Ausbeutung durch Männer mißbraucht – zeitlose Gründe, das eigene Leid und das der Kinder zu beklagen.

Statt der Worte Jesu wurden der Frau jedoch die Worte des Paulusschülers aus dem 1. Timotheusbrief vorgesetzt, nach denen sie Kinder gebären muß, um ihre Seele zu retten. Solche Vorstellungen machten Schule, und auch Luther war der Auffassung, die Frau sei dazu da, um sich totzugebären. Die Wirkungsgeschichte solchen Männerdenkens reicht bis in unser Jahrhundert, das erst vor kurzem – zumindest teilweise – damit

Schluß gemacht hat, die Frau dem männlichen Zeugungswahn auszusetzen.

Immer wieder wurde die sonntägliche Predigt dazu benutzt, weibliche Interessen und Bedürfnisse einzugrenzen und zu manipulieren. Genau das aber bedeutet Androzentrik in der Verkündigung, auch wenn sie heute sublimere Formen angenommen hat. Nicht immer zeigt sie sich so platt und offensichtlich wie in der Vergangenheit, was jedoch nicht darüber hinwegtäuschen darf, daß sie nach wie vor einer tiefsitzenden Haltung entspricht, die leider nicht auf Männer beschränkt ist, da viele Frauen sich noch nicht bewußtgemacht haben, daß auch sie sich auf diese Mannzentriertheit ein Leben lang haben fixieren lassen müssen.

Nachdem ich den Arbeitsbereich einer feministischen Revision christlicher Vorstellungsmuster grob skizziert habe, komme ich nunmehr zum dritten Anliegen, der Entfaltung einer weiblichen Spiritualität. Seit einigen Jahren sind Frauen dabei, ihre eigene Sprache für ihre religiösen Erfahrungen zu finden, denen sie in neuen Liedern, liturgischen Texten und Ritualen Ausdruck verleihen. Kirchentage sind hierfür ein besonders beliebtes Experimentierfeld, aber auch Frauengottesdienste, die hier und da in den Gemeinden stattfinden. Kirchenmusikerinnen sind dabei, das christliche Liedgut nach frauenfreundlichen Texten durchzukämmen und neue Werke zu schreiben. Erstmals erschien auf dem Kirchentag in Frankfurt 1987 eine Dokumentation und Anleitung zu einer frauengerechten Sprache, die allerdings für viele Frauen bei weitem nicht weit genug ging. Anderen Frauen wurde durch das Referat der Kirchenmusikerin Ursula Jung überhaupt erst bewußt, wie wichtig eine frauengerechte Sprache in den Liedern ist, da nach ihren Ausführungen Singen »eine ganzheitliche Aktivität des Menschen (ist), ein Zusammenspiel von Körper, Seele und Geist, gut geeignet, Vorstellungen ins Unbewußte zu transportieren«[11]. Frauen werden daher aufgerufen, jene Lieder im Gottesdienst zu boykottieren, die eine rein männliche Sprache und Erfahrungswelt beinhalten.

Im einzelnen läßt sich natürlich nicht referieren, was sich im Bereich weiblicher Spiritualität vollzieht[12]. Hier tut sich für Frauen eine neue Erfahrungswelt auf, deren nähere Darstellung sich meines Erachtens verbietet, da sie in einen erfahrungsbezogenen Kontext gehört.

In einem letzten Teil möchte ich noch auf die wesentlichsten Reaktionen eingehen, die feministische Theologie erfährt.

Vorwürfe gegen die feministische Theologie

Hier geht es im wesentlichen um vier Themenbereiche: das feministische Bibelverständnis, das Gottes-/Göttinbild, das Menschenbild und der Antijudaismusvorwurf[13].

1. Der aufgeklärte Umgang mit der Bibel, die selbstverständlich nicht als Ganzes akzeptiert wird, was wohl auch kein Theologe oder Kirchenmann tun würde, wenn er sie wirklich gelesen hätte, führt zu dem Vorwurf des »gewaltsam verstiegenen Umgangs mit der Bibel«, die angeblich verkürzt gelesen wird. Ein solcher Vorwurf kann selbstverständlich gegen jeden Menschen erhoben werden, egal ob Laie oder Theologe, der sich mit der Bibel befaßt. Er muß aber auf jeden Fall gegen die Kirche als Trägerin christlicher Tradition erhoben werden, da gerade in bezug auf die Frau *ihr* Umgang mit der Bibel ebenso gewaltsam wie verstiegen war, wenn Kirchenmänner ihr beispielsweise entnahmen, daß Frauen sündiger seien als Männer, daß sie vom Priesteramt auszuschließen seien, daß Sexualität Sünde sei oder aber daß der Mensch nur durch den Glauben an die sühnende Kraft des Blutes Jesu die Vergebung der Sünden erlangen könne. Daß für feministische Theologinnen die gnostischen Schriften genauso viel oder so wenig Offenbarungscharakter haben wie die neutestamentlichen Schriften, und sie daher auch auf gnostische Texte zurückgreifen, wird ihnen ebenso vorgehalten, wird doch damit letztendlich die Autorität der Kirche in Frage gestellt. Auch die Gefahr der Umdeutung biblischer Texte wird gesehen, die natürlich nur dann auf Unmut stößt, wenn sie nicht mehr im Sinne des kirchlichen – wenn auch oftmals falschen – Verständnisses geschieht. Daß die Wortmagie protestantischer Bibelvergötzung unter feministischen Theologinnen keine Vertreterinnen findet, ist wohl nur allzu verständlich; denn hier wird der Weisheit mehr Raum gegeben als dem Logos – ein Anliegen, das auch bei Jesus deutlich wird.

2. Wie nicht anders zu erwarten, wird den Frauen auch die

Preisgabe des androzentrischen Gottesverständnisses zum Vorwurf gemacht. Die »Demontage des biblischen Gottesverständnisses«, das »Ersetzen des biblischen Gottes durch die Göttin« wird als »klarer Austritt aus dem Christentum« gewertet. Hier wird der Eindruck erweckt, als sei dieses Christentum eine klar zu umreißende Größe, was wiederum nur auf dem Wege der Ausgrenzung ganz bestimmter christlicher Traditionen geschehen kann. Die Frage nach dem Gottesbild und seinem Zustandekommen wird dabei gar nicht erst gestellt. Statt dessen werden die Sympathien zu Göttinnen beklagt, »die doch im Namen des einen Gottes verworfen und bekämpft werden«. Der gängige Fehler der Gleichsetzung des Göttlichen mit dem Gottesbild wird hier gar nicht erst erkannt.

Solange die Kritik an der Göttin aus dem Bereich evangelikaler und institutioneller Kirchenkreise kommt, ist sie nur allzu verständlich; denn schließlich bringt sie das in diesen Kreisen beliebte patriarchale Weltbild ins Wanken. Neuerdings aber kommen recht ähnliche Vorwürfe auch noch aus einer anderen Richtung: Kritische Theologinnen melden ihre Bedenken hinsichtlich der Göttin an und grenzen sich von ihren Schwestern ab. Das ist auf dem Hintergrund ihrer eigenen religiösen Patriarchatserziehung nicht so befremdlich, wie es auf den ersten Blick scheinen mag. Bedauerlich finde ich nur, daß nicht alle so ehrlich sind wie ELISABETH MOLTMANN-WENDEL, die öffentlich zugibt, daß sie persönlich nichts mit einer Göttin anfangen kann, da sie ihr Leben in der Ausrichtung auf den Vatergott verbracht und darunter auch gar nicht gelitten habe. Ähnlich geht es vielen Frauen. Aber das braucht noch lange kein Grund zu sein, sich von jenen abzugrenzen, denen ein männliches Gottesbild nichts mehr zu sagen hat, da ihm keinerlei positive Besetzung mehr zukommt. Problematisch wird es jedoch, wenn die Frage nach dem Gottes-/Göttinnenbild aus dem wirkungsgeschichtlichen Zusammenhang herausgelöst und mit einer theologischen Scheinargumentation angegangen wird, wie dies SUSANNE HEINE und DOROTHEE SÖLLE gegenwärtig tun. Beide machen scheinbar apodiktische Aussagen, die der faktischen Grundlage entbehren. Es stimmt einfach nicht, wenn Susanne Heine behauptet: »Die Wiederbelebung der Göttinnen und mit ihnen der Naturreligionen bedeutet die Negation des Ich, des Bewußtseins, der Freiheit im Denken und

Handeln und damit des Personseins des Menschen.«[14] Hinter dieser Vorstellung werden die alten Dualismen sichtbar, die auch der Jung-Schule nicht fremd sind. Nach diesem Vorstellungsmuster gehört die »freiheitliche« Entfaltung zum Individuum, zum Einzelwesen, das sich als von seiner Umwelt getrennt erlebt, zu den Errungenschaften des Patriarchats, dem wir die Entwicklung unseres Bewußtseins in Abgrenzung zum Unbewußten zu verdanken haben. Daß es neben dem Patriarchatsbewußtsein auch noch andere Formen des Bewußtseins gibt, wird dabei regelmäßig übersehen, obwohl der brillanteste Schüler C. G. Jungs, Erich Neumann, auf sie aufmerksam gemacht hat[15]. Genau wie er beschreibt Gerda Weiler in ihren Büchern das matriarchale Bewußtsein[16], das im Patriarchat immer weniger gepflegt und schließlich negiert wird. Die Betonung der Freiheit des (männlichen) Individuums gehört zur patriarchalen Bewußtseinsentwicklung, nicht aber zur Entwicklung des Bewußtseins generell. Hier wären sozial-psychologische Reflexionen angebracht, die bei Susanne Heine fehlen.

Das gilt auch für Dorothee Sölle, die jenen Feministinnen, die sich mit Matriarchatsforschung, Göttinnenkult sowie mit der ursprünglichen Harmonie von Mensch, Natur und Göttlichem oder aber mit der Ganzheitlichkeit der Yin- und Yang-Symbolik befassen, den Vorwurf macht, sie würden mit ihrer »touchy-feely Kultur« den »unerträglichen Kapitalismus ›soft‹ frauenverträglich... machen und seine schlimmsten Beschädigungen für andere und uns selber aus den Augen... wischen«[17]. Sölle scheint es den Frauen zu verübeln, daß sie sich nicht an die marxistische Kette legen lassen wollen, da sie längst erkannt haben, daß nicht etwa der Kapitalismus als *einer* der vielen Söhne des Patriarchats *das* Grundübel ist, sondern dieses selber, da es sich auch in anderen Herrschaftsformen, wie im Sozialismus zum Beispiel, als frauenfeindlich und naturzerstörerisch, da ausbeuterisch, präsentiert. Jene, die den Sozialismus in Theorie *und* Praxis kennen, sind längst zu dieser Erkenntnis vorgedrungen. Ihre prominentesten Vertreter/in sind Christa Wolf und Rudolf Bahro. Die klassenkämpferische Behandlung der Geschlechterfrage bezeichnet er als »Erkenntnisbremse«[18], mit deren Hilfe nun auch Sölle die feministische Theologie bremsen will. Ähnlich wie die nordelbischen Bischöfe operiert sie mit der Grenzziehung zwischen »Heidentum« und Christentum und stellt Frauen, die sich mit den zuvor genannten Themengebieten befassen, in die »heidnische« Ecke. Für sie steht fest: »Die Religion der Göttin fordert den Bruch.«[19] Den Bruch mit dem christlichen Glauben, versteht sich, der sich nach Sölles Meinung anscheinend nicht in Einklang bringen läßt mit Ganzheitlichkeit. Ihre Begründung dazu lautet: »Das Interesse dieser nach-christlichen Spiritualität entzündet sich an Archäologie, Vorgeschichte, Göttinnen und dem kollektiven Unbewußten, nicht an der Geschichte, dem leidenden Jesus und der ethisch-religiösen Bewußtheit.«[20] Für den Bereich feministischer Theologie und Spiritualität in Deutschland trifft diese Aufteilung auf keinen Fall zu. Vielmehr muß die ethisch-religiöse Bewußtheit als *die* Ursache für das Studium der von Sölle genannten Fachbereiche angesehen werden. Frauen diese Bewußtheit abzusprechen ist schlicht und einfach frauenfeindlich; denn schließlich sprechen auch patriarchale Psychologen wie Sigmund Freud und Lawrence Kohlberg dem weiblichen Geschlecht das ethische Bewußtsein ab[21].

An solchen Beispielen zeigt sich, wie schwer der Abschied von patriarchalen Denk- und Wertemustern fällt, den feministische Theologie radikal fordert, auch wenn sie ihnen selbst hier und da zum Opfer fällt. Aus diesem Grund ist die innerfeministische Diskussion äußerst wichtig und verdient unsere besondere Aufmerksamkeit. Doch zurück zu den Vorwürfen aus Nordelbien, die sich auch anderweitig lokalisieren lassen.

3. Aufgrund des Slogans: »Ich bin gut, ich bin ganz, ich bin schön«, den Elisabeth Moltmann-Wendel aus der Theologie Luthers ableitete, ergeht der Vorwurf des Narzißmus sowie eines zu flachen aufklärerisch-optimistischen Menschenbildes, das die Sünde ausblendet, wo protestantische Bischöfe sie doch zum Zentrum des Menschen machen wollen. So geschehen in der Stellungnahme der nordelbischen Bischöfe zur feministischen Theologie. Wie »flach« und »undifferenziert« die Kennzeichnung eines solchen Menschenbildes als »biblisch« ist, wird allerdings nicht angesprochen, auch nicht, daß es weit entfernt ist von dem, was Jesus lehrte, der nämlich die Liebes- und Vergebensfähigkeit des Menschen zum Mittelpunkt seiner Anthropologie machte. Anders wären seine zahlreichen Appelle gerade an diese Fähigkeiten wohl kaum zu verstehen. Auch die

Tatsache, daß Frauen ihre eigene Tiefe als Ort natürlicher Gottesoffenbarung erfahren, ist Anlaß zu Kritik, obwohl Männer doch seit Jahrtausenden nichts anderes machen. In diesem Bereich ist die Gleichberechtigung von Frau und Mann, die selbst Bischöfe auf den Lippen führen, noch nicht voll durchgeschlagen. Wer die Sünde des Menschen zum Zentrum seines Menschenbildes erhebt und folglich das Kreuz zum Zentrum christlichen Glaubens, für den wird natürlich das weibliche Bemühen um Ganzheit zu einer »Spielart der Selbsterlösung«. Ob hinter solcher Kritik nicht die Angst vor weiblicher Autonomie sichtbar wird?

4. Die Tatsache, daß Frauen solche Texte aus dem Alten Testament kritisieren und hinterfragen, die frauenfeindliche und unterdrückerische Strukturen aufweisen, wird immer wieder dazu benutzt, ihnen Antijudaismus vorzuwerfen. Solche und ähnliche Vorwürfe erwachsen aus einer verständlichen Sensibilität gegenüber Kritik an jüdischem Traditionsgut. Dennoch steht dieser Vorwurf in keinem Verhältnis zu dem, was feministische Theologinnen tun und wollen, zumal er häufig auch noch mit dem gerade für deutsche Verhältnisse fatalen Vorwurf des Antisemitismus einhergeht, der dann nicht selten mit dem Vorwurf neofaschistischen Denkens verbunden wird – eine Ungeheuerlichkeit, die einen Dialog unmöglich macht. Ich bin jedenfalls nicht bereit, mich länger auf dieser Geistesebene zu bewegen. Nach meinem Verständnis richtet sich feministische Theologie gegen jede Form faschistoiden Denkens. Schließlich gehörten Frauen in der Patriarchatsgeschichte zu den Hauptopfern faschistischer Gesellschaftssysteme.

Fatal ist bei dieser ganzen Diskussion, daß die Kritik an patriarchalen Denk- und Verhaltensmustern – im jüdischen wie auch im christlichen Schrifttum –, und diese Kritik gehört in meinen Arbeiten unbedingt zusammen, als eine Diskriminierung des Judentums schlechthin aufgefaßt wird. Dabei geht es um Texte, die mehr als 2000 Jahre alt sind, aber dennoch den Glauben heutiger Menschen – jüdischen und christlichen Bekenntnisses – bestimmen. Auch wird vielfach so getan, als ginge es bei der Auseinandersetzung mit dem Alten Testament bzw. mit der Hebräischen Bibel um Texte, die nur etwas mit Jüdinnen und Juden zu tun haben, obwohl sie doch nachweislich auch das Christentum ganz wesentlich mitbestimmt haben.

Ich denke nur an die Wirkungsgeschichte des Mythos von der Urmutter Eva, die zu *dem* Wesensmerkmal der Frau ganz allgemein wurde: als zweite geboren und als erste gesündigt. Natürlich kann es nicht darum gehen, diese Wirkungsgeschichte in den jüdischen Verantwortungsbereich abzuschieben. Andererseits kann aber auch nicht darüber hinweggesehen werden, daß dieser Mythos – wie viele andere Patriarchatsmythen auch – der Darstellung der Frau in keiner Weise gerecht wird und sich an männlich patriarchalen Bedürfnissen orientiert – was im übrigen für einen großen Anteil des jüdischen und christlichen Schrifttums zutrifft, das daher eben nicht den Status einer »Heiligen Schrift« oder gar eines »göttlichen Wortes« verdient hat. Gerade wo Frauen sich zunehmend mit ihrer Geschichte auseinandersetzen, wozu auch die Bewußtmachung der Jahrhunderte währenden Vernichtung ihres Geschlechts gehört, müssen sie sich empören, wenn sie erfahren, daß die Verbrennung von Frauen nicht nur das Ergebnis männlicher Gottlosigkeit und Selbstherrlichkeit ist, sondern daß Gott der Herr selbst zu Mose sagt: »Wenn eines Priesters Tochter anfängt zu huren, die soll man mit Feuer verbrennen; denn sie hat ihren Vater geschändet« (3. Mose 21,9). Es muß Frauen auch weiterhin möglich bleiben, solche »Rechtsauffassungen« wie auch zahlreiche Aufforderungen zu religiöser Intoleranz in der Hebräischen Bibel bzw. im Alten Testament als Unrecht anzuprangern, ohne deswegen befürchten zu müssen, mit Neonazis in eine Ecke gestellt zu werden, was im übrigen eine sträfliche Verharmlosung des Neofaschismus wäre.

Wie unterschiedlich allerdings die Wahrnehmung ist, wenn es um die Kritik an feministischer Theologie geht, zeigt sich an folgendem Beispiel: Von jüdischer Seite wird gern der Vorwurf erhoben, in der feministischen Theologie würde das Judentum bzw. das jüdische Schriftgut verantwortlich gemacht für die Frauenfeindlichkeit in der christlichen Tradition, um so diese »reinzuhalten«; das Judentum als Sündenbock für christliche Sünden. Ganz anders urteilt Susanne Heine. Sie stellt bei ihrer »Sichtung feministischer theologischer Literatur« fest, daß hier »das *Christentum*, angefangen besonders bei Paulus, für jegliche Frauenfeindlichkeit verantwortlich gemacht wird«[22], was jüdischen Kritikerinnen und Kritikern anscheinend entgeht.

In diesem Rahmen ist ein umfassendes Eingehen auf den

Antisemitismusvorwurf – wie auch auf die anderen Vorwürfe, die gegen die feministische Theologie erhoben werden – nicht möglich. Dennoch gehört es bei der Darstellung der feministischen Theologie auch dazu, negative Reaktionen, die sie hervorruft, wenigstens kurz zu streifen, da sie ein Teil des Preises sind, den jegliche Form der Bewußtseinserweiterung kostet. Doch zum Glück erfährt sie nicht nur Widerstände und Vorwürfe. Für viele Frauen ist sie inzwischen zu einer lebenswichtigen Erfahrung geworden, durch die ihre Seele Heilung und ihr Geist neues Leben erfährt.

Feministische Theologie als Erfahrung von Heil

Wie sich immer wieder zeigt, ist feministische Theologie von ihren Auswirkungen her nicht nur eine Theologie von Frauen für Frauen. Auch Männer nehmen an ihr Anteil oder befassen sich mit ihr, was durchaus nicht dasselbe ist. Letztere sehen in ihr eine geistige Bereicherung für die ansonsten recht fade herkömmliche Theologie. Es macht ihnen nun wieder Spaß, theologische Fragestellungen zu erörtern. Durch Frauen bekommen sie wichtige Impulse, Anregungen für eigene Predigten und Bibelarbeiten, aber auch für Gespräche mit Frauen. Interessiert verfolgen sie die unterschiedlichen Strömungen und achten hier und da auf die Verwendung einer inklusiven, das heißt Frauen mit einbeziehenden Sprache. Auf den Gedanken, daß feministische Theologie auch etwas mit ihnen persönlich zu tun haben könnte, kommen sie allerdings nicht. Es gibt aber auch noch jene Männer – zugegeben, es sind nur wenige –, für die die theologischen Arbeiten von Frauen zu einer grundlegenden Wandlung geführt haben. Sie haben sich selbst, ihr Mannsein sowie ihr Bild von Männlichkeit und Weiblichkeit in Frage stellen lassen und dabei eine ganz andere Ebene des Menschseins entdeckt. Sie haben Zugang gefunden zu den sogenannten weiblichen Anteilen in ihrer Seele und dadurch ein höheres Maß an Selbstkritik und Sensibilität für sich und andere entwickelt. Ganzheitlichkeit ist für sie keine Leerformel mehr. Mit ihnen selbst hat sich auch ihr Gottesbild gewandelt. Die göttliche Mutter ist für sie weder fremd noch »heidnisch«, sondern ein wichtiger religiöser Faktor, der ihnen ganz neue spirituelle Dimensionen eröffnet. Der Welt ihres eigenen

Geschlechts stehen sie allerdings zunehmend fremder gegenüber, da sie in Frauengruppen so etwas wie eine seelisch-geistige Heimat gefunden haben, was natürlich nicht unproblematisch ist, da die Frauen auch vielfach unter sich sein möchten und von den Männern erwarten, daß sie ihre eigenen Gruppen gründen und sich um die Wandlungsprozesse anderer Männer kümmern. Es gibt allerdings auch Frauen, die homogene Gruppen ablehnen und die Gegenwart von Männern als bereichernd empfinden.

Ich selbst konnte immer wieder feststellen, daß da, wo Frauen unter sich sind, bei ihnen selbst viel tiefgreifendere Erfahrungen möglich werden als in gemischten Gruppen. Für fast alle Frauen, die feministisch-theologische Tagungen besuchen, setzt damit ein Prozeß der inneren Befreiung ein. Sie machen vielfach zum ersten Mal die Erfahrung, daß ihr ureigenstes Erleben, ihre Gedanken und Empfindungen von theologischer Relevanz sind, da sie sie bei feministischen Theologinnen wiederfinden. Sie hatten immer geglaubt, mit diesen Gedanken ganz allein dazustehen, hatten sie verdrängt, da sie ihnen wie »Eingebungen des Teufels« vorgekommen waren und somit Schuldgefühle verursachten. In der Begegnung mit anderen Frauen, die von ganz ähnlichen Erfahrungen berichten, entsteht so etwas wie eine geistige weibliche Solidarität, die für sie neu und aufregend ist. Sie erleben neue Formen des Gottesdienstes, den sie alle gemeinsam gestalten und daher zum ersten Mal als *ihren* Gottesdienst erleben. Energien werden spürbar, Spiritualität erfahrbar, Begabungen sichtbar. Feministische Theologie wird zur Quelle weiblicher Kreativität. Seit Frauen sich ihr widmen, entdecken sie in sich Fähigkeiten, von denen sie vorher nichts wußten. Sie beginnen zu dichten, zu malen, zu schreiben. Innere Kräfte werden freigesetzt. Frauen lernen, mit ihnen umzugehen und sich mit ihnen eine eigene Realität zu schaffen. Sie lernen die tiefen Seinsmächte und Energien selbst zu benennen, sich ihrer eigenen Perspektive bewußt zu werden und ihre eigene Teilhabe an ihnen zu erkennen. Dabei werden sie ihres eigenen Wertes gewahr, jenes Wertes, den sie für sich selbst und füreinander haben. Sie schaffen sich eine Sphäre geistig-spiritueller Freiheit, in der es kein Tabu gibt, sondern alles ausgesprochen werden darf. Dabei decken sie Entfremdungen auf und machen sich daran, ihre eigene

Seele wieder in Besitz zu nehmen, auf ihre inneren Kräfte zu vertrauen und auf ihre Gefühle und Intuitionen zu hören.

Kein Wunder, daß Frauen diese umfassende Befreiung als heilsam empfinden, da sie sich als Frauen, als ganze Menschen ernst genommen fühlen. Doch sollen sie abschließend selbst zu Wort kommen. Ich zitiere aus Gesprächsnotizen und Zuschriften:

»In meinem Theologie-Studium mußte ich mich mit Problemen und Gedanken herumschlagen, die nicht die meinen waren; aber die Probleme, die ich hatte, kamen nie vor. Ich glaubte schon, ich sei nicht ganz normal oder irgendwie unterbelichtet, daß ich diesen Denkgebäuden so fremd gegenüberstand und Schwierigkeiten hatte, sie in mich aufzunehmen. Mit der feministischen Theologie war das ganz anders. Hier fand ich mich mit meinem Denken selbst wieder und erfuhr, *wie* normal ich bin ...«

»... mir half die Lektüre feministisch-theologischer Bücher ... nach dem Lesen dieses Buches wurde ich immer konsequenter in meinen eigenen Argumentationen.«

»... wurde die Lektüre für mich zu einem noch nie zuvor erlebten und ganzheitlichen Erlebnis, zu einer Reise in die Wirklichkeit meines Unbewußten. Die Gedanken sprechen mich so lebendig an, sie machen mich lebendig, lassen mich lachen, weinen und aufschreien, erahnen und fürchten ... Auf meinen stundenlangen Wanderungen durch die einsame blühende Bergwelt, beim Wiedererkennen des Gelesenen und der Auseinandersetzung mit meinen verdrängten unbewußten Bildern erlebe ich bereits jetzt schon freiwerdende körperliche Energien ... Und wenn ich dann noch den seelischen Kräftezuwachs, der sich bereits erahnen läßt, bedenke ... ich möchte Berge versetzen!«

»... Schon damals war ich von Ihren Aussagen sehr betroffen und begeistert. Sie gaben mir auch jetzt ... wichtige Impulse und nahmen die Last, ›auf Irrwegen zu sein‹, wie es die Pietisten hierzulande bezeichnen würden ... Im Elternhaus bis zum Überdruß mit pietistischen Sprüchen berieselt, habe ich den Glauben an Gott, die Wahrheit der Bibel über zwei Jahrzehnte meines Lebens hingeschmissen ... hin und wieder etwas Bedürfnis zum Beten, etwas Nostalgie und eine gute Gelegenheit, während des Gottesdienstes zu meditieren. Ich hatte nur immer ein ungutes Gefühl, ein Gefühl, daß da irgend etwas nicht stimmte mit dieser ›Männerbeterei‹, an den ›Großen Mann‹, den sie ›Herr‹ nennen. Oft blieben mir die Worte im Hals stekken, und ich passe einfach, manchmal habe ich auch das Gefühl, ich habe einen Kropf im Hals, voll falscher Worte. Ist dieser ›Herr‹ wirklich wegen jeder Kleinigkeit beleidigt und zornig auf mich, bin ich wirklich von ›Grund auf böse‹? Das kann mein Gott nicht sein, der ist doch kein Spießer! Ich stieß auf Bücher ... In Gesprächen fand ich Frauen, die genauso wie ich das Gefühl hatten, wir halten es in der Männerkirche nicht mehr aus! Wir treffen uns regelmäßig zu feministisch-theologischen Gesprächen, die mir sehr guttun. In dieser Bewegung sind wir quasi untergetaucht, denn bei der Struktur unserer geistlichen Landschaft würden wir sicher morgen als Hexen deklariert. Den Segen Gottes und der Göttin, die eins sind, wünsche ich Ihnen und grüße Sie ...«

»... Es fällt mir schwer, mich von dem Buch zu trennen ... habe ich mich nach den Minuten gesehnt, wenn ich lesen kann. Ich weiß gar nicht, was ich sagen kann. Was Du schreibst, war in mir, ohne daß ich es erklären und ›beweisen‹ konnte. Von Seite zu Seite fühle ich mich bestätigt – und erlöst zugleich. Du hast nicht nur ein Buch zur feministischen Theologie geschrieben, es ist Seelsorge dabei – und Therapie; ich blühe selbst auf und kann es sofort in Gesprächen mit Frauen weitergeben. Allmählich fühle ich mich ... auf einem neuen Weg ...«

»Ich habe viele neue Anregungen in dem Buch ... gefunden, fühlte mich in manchen eigenen Gedanken bestätigt und werde über vieles noch mehr lesen und nachdenken müssen. Ich freue mich schon jetzt auf ein Gespräch mit meiner Tochter über das Buch, denn es wird ihr sicher bei ihren Problemen mit der ›religiösen Sozialisation‹ ihrer kleinen Tochter helfen. Und wieder einmal tut es mir leid, daß meine Mutter, die sich mit vielen Fragen so gequält hat, nicht die Gelegenheit hatte, diese neue und befreite Sicht auf Jesus zu erfahren.«

Dies sind nur einige von vielen Stimmen, die zeigen, wie tiefgreifend die Folgen weiblicher Anteilnahme an feministischer Theologie sind. Sie machen aber auch deutlich, daß sich hier eine Erneuerung des christlichen Glaubens, nicht aber die Abkehr zu einem neuen – oder gar »heidnischen« – Glauben vollzieht. Frauen, die längst aus der Kirche ausgetreten waren, bewerben sich erneut um eine Mitgliedschaft, da sie in feministisch-theologischen Arbeitsgruppen eine neue geistige Heimat gefunden haben. Andere wiederum kaufen sich zum ersten Mal in ihrem Leben eine Bibel, weil ihr Interesse angeregt wurde durch die Lektüre feministisch-theologischer Bücher. Es ist in der Tat, als begänne die Heilige Geistin erneut zu wehen. Zum Glück aber richtet sie sich nicht nach den Direktiven kirchlicher Dogmatiker, sondern sie weht, wo sie will...

Anmerkungen

Der Gotteskomplex und seine Folgen

1 Wilhelm Bruners, Als die Macht und die Liebe sich trennten. Abdruck mit freundlicher Genehmigung des Autors.

2 Horst Eberhard Richter, Der Gotteskomplex. Die Geburt und die Krise des Glaubens an die Allmacht des Menschen, Hamburg 1979, S. 23

3 Vgl. 5. Mose 13,7–12, wo es heißt: »Wenn dich dein Bruder, deiner Mutter Sohn, oder dein Sohn oder deine Tochter oder das Weib in deinen Armen oder dein Freund, der ist wie dein Herz, heimlich überreden würde und sagen: Laß uns gehen und anderen Göttern dienen! – die du nicht kennst noch deine Väter, von den Göttern der Völker, die um euch her sind, sie seien dir nahe oder ferne ... so willige nicht darein und gehorche ihm nicht. Auch soll dein Auge seiner nicht schonen und sollst dich seiner nicht erbarmen noch ihn verbergen, sondern sollst ihn erwürgen. Deine Hand soll die erste über ihm sein, daß man ihn töte, und darnach die Hand des ganzen Volkes. Man soll ihn zu Tode steinigen ...«

4 Hartmut Schoeck, Der Neid – Die Urgeschichte des Bösen, München 1980

5 Erich Fromm, Märchen, Mythen, Träume, Stuttgart 1980, S. 156

6 Aischylos, Die Eumeniden, Orestie III 658–666, Reclam 1097

7 Fromm, a. a. O.

8 Vgl. 5. Mose 6,10f.

9 So jedenfalls erwähnt Susanna Heschel diese Textstelle in ihrem Referat: »Jüdisch-Christlicher Dialog über Feminismus und Religion«, S. 5: »In Jesaja Kapitel 3 verurteilt der Prophet die Töchter Zions für ihre religiöse Gleichgültigkeit, indem er ihren Schmuck beschreibt, wie um damit zu sagen, daß Weiblichkeit die Wurzel allen Übels ist. Der Höhepunkt kommt in Vers 17, wo Gott droht, die israelitischen Frauen als Strafe für ihren Unglauben zu vergewaltigen« (Copyright S. Heschel, Philadelphia/USA).

10 Zit. in: Ernst Benz, Die Vision. Erfahrungsformen und Bilderwelt, Stuttgart 1969, S. 589

11 Die Änderungen des biblischen Textes wurden von Gerda Weiler und mir vorgenommen. (Vgl. Gerda Weiler, Ich verwerfe im Lande die Kriege ... Das verborgene Matriarchat im Alten Testament, München 1984)

Geschlechterdifferenz und die Frage nach Gott

1 P. J. Möbius, Über den physiologischen Schwachsinn des Weibes, Halle 1905, Faks. München 1977

2 Shulamith Firestone, Frauenbefreiung und sexuelle Revolution, Fischer TB 1488, S. 189, 191, 212ff.

3 Evelyne Sullerot, Die Wirklichkeit der Frau, München 1979
4 a.a.O., S. 30
5 A. Lwoff, in: Sullerot, a.a.O., S. 17
6 Ashley Montagu, The natural Superiority of Women, New York 1974, S. 32 (eigene Übersetzungen)
7 Karl Daumer, Genetik, 1979^3, S. 29
8 Doris J. Jonas, Der überschätzte Mann, München 1981, S. 69
9 Ashley Montagu, zit. bei Jonas, a.a.O., S. 74

Sophia und Heilige Ruah

1 Jürgen Moltmann, Ich glaube an Gott den Vater – Patriarchalische oder nichtpatriarchalische Rede von Gott? in: Evangelische Theologie 5, Berlin 1983. Vgl. hierzu auch mein Buch: Jesus – der Gesalbte der Frauen. Weiblichkeit als Grundlage christlicher Ethik, Stuttgart 1987, S. 219f.
2 Ernst Haenchen, Johannes-Evangelium. Ein Kommentar, Tübingen 1980, S. 152
3 Vgl. Galater 5,22; Epheser 5,9
4 Heide Göttner-Abendroth, Die Göttin und ihr Heros, München 1980, S. 17
5 Vgl. Mary Daly, Jenseits von Gottvater, Sohn & Co., München 1978, S. 135
6 Robert von Ranke-Graves, Die weiße Göttin, Berlin 1981 (1948), S. 574
7 Der Name bedeutet »dreigestaltiger erster Gedanke«. Gefeiert werden die weiblichen Kräfte Gedanke, Intelligenz und Voraussicht. Zur geschlechtsspezifischen Zuordnung dieser Kräfte in der Gnosis siehe auch: Elaine Pagels, Versuchung durch Erkenntnis, Frankfurt 1981, S. 96–102
8 Diese Verse wurden einem wesentlich längeren Hymnus entnommen, der von dem Berliner Arbeitskreis unter dem Titel »Die dreigestaltige Protennoia« in der Theologischen Literatur-Zeitung 10, Berlin 1974, veröffentlicht wurde. Der 2. Vers wurde von mir leicht verändert.

Feministische Theologie

1 Titel eines Buches, das 1872 erschien und 1977 wieder aufgelegt wurde im Ala-Verlag, Zürich.
2 Der Text erschien 1891 in: Die christliche Welt Nr. 39. Textauszüge beider Autorinnen in: Elisabeth Moltmann Wendel (Hrsg.), Frau und Religion – Gotteserfahrungen im Patriarchat, Fischer TB 3738
3 Ihr Buch »Women, Church & State«, 1893, wurde in Amerika 1980 bei Persephone Press, Mass., wieder aufgelegt. Mary Daly verfaßte dazu ein Vorwort und Sally Roesch Wagner eine umfassende Einleitung. Die nachfolgenden Zitate sind eine eigene Übersetzung und diesem Buch entnommen.
4 The Woman's Bible von 1895 wurde 1985 in Edinburgh wieder aufgelegt und von Dale Spender eingeleitet.
5 Beispiele solcher Einteilungen siehe das Nachwort Elisabeth Moltmann-Wendels in: Virginia Mollenkott, Gott eine Frau? – Vergessene Gottesbilder der Bibel, München 1985; des weiteren das Vorwort Dorothee Sölles in Carter Heyward, Und sie rührte sein Kleid an, Stuttgart 1986; vgl. auch dieselbe, Aus

der Zeit der Verzweiflung, in: Junge Kirche 11/87, S. 614–620. Die umfassendste Einteilung findet sich bei Uwe Gerber, Die feministische Eroberung der Theologie, München 1987.

6 Diese Vermutung habe ich in meinem Buch »Die Weiblichkeit Gottes – Matriarchale Voraussetzungen des Gottesbildes«, Stuttgart 1983, S. 284ff. näher ausgeführt.

7 Vgl. mein Buch »Jesus – der Gesalbte der Frauen. Weiblichkeit als Grundlage christlicher Ethik«, Suttgart 1987; sowie Elaine Pagels, Versuchung durch Erkenntnis, Frankfurt 1987. Hier stellt die Autorin für Frauen wichtige Texte aus der gnostischen Überlieferung zusammen.

8 Vgl. a. a. O.; des weiteren meinen Aufsatz »Gnosis« (Verdrängte christliche Erkenntnis), in: Feministische Theologie, hrsg. von Maria Kassel, Stuttgart 1988

9 Vgl. hierzu meine Bücher: »Jesus – der Gesalbte der Frauen«, S. 133ff., und »Maria – die geheime Göttin im Christentum«, Stuttgart 1986[2]

10 Elisabeth Schüssler-Fiorenza, Die Rolle der Frau in der urchristlichen Bewegung, in: Concilium 12, 1976

11 Ursula Jung, Sexismus im Kirchenlied, in: Informationspapier Nr. 70–71/1987: »Sehet die Frauen«, Dokumentation der Frauenwerkstatt auf dem Frankfurter Kirchentag 1987, Karlsruhe 1987, hrsg. von Eva von Harrack und Gesine Hefft

12 Zu diesem Themenbereich veröffentlichte Rosemary Radford Ruether »Unsere Wunden heilen – Unsere Befreiung feiern. Rituale in der Frauen-Kirche«, Stuttgart 1988

13 Vgl. zu den Punkten 1–3: Religion heute 2/85, S. 110f., und: Nordelbische Stimmen, 9/85, S. 182ff.

14 Susanne Heine, Wiederbelebung der Göttinnen?, Göttingen 1987, S. 84

15 Erich Neumann, Zur Psychologie des Weiblichen, Fischer TB 1983

16 Gerda Weiler, Ich verwerfe im Lande die Kriege – Das verborgene Matriarchat im Alten Testament, München 1984. Dies., Der enteignete Mythos – Eine notwendige Revision der Archetypenlehre C. G. Jungs und Erich Neumanns, München 1985

17 Dorothee Sölle, Aus der Zeit der Verzweiflung, a. a. O., S. 619f.; vgl. Anm. 5

18 Zit. bei Franz Alt, Bahros Logik der Rettung, In: DIE ZEIT Nr. 4 vom 22. 1. 88, S. 18

19 Sölle, a. a. O., S. 618

20 a. a. O.

21 Vgl. hierzu Carol Gilligan, Die andere Stimme, München 1984

22 Frauen der frühen Christenheit, Zur historischen Kritik einer feministischen Theologie, Göttingen 1986, S. 11.

Christa Mulack · Jesus – der Gesalbte der Frauen
Weiblichkeit als Grundlage christlicher Ethik
302 Seiten, kartoniert · ISBN 3-7831-0875-6

Eine Neuinterpretation der Gestalt und Lehre Jesu ist das Thema dieses Buches. Die Autorin zeigt in fünf Kapiteln ihre neue Sicht des Jesus der Evangelien und ihre Bedeutung für die Frauen von heute. Grundlage dafür ist nicht nur die feministische Perspektive, sondern eine geschlechtsspezifische Deutung der Evangelien. Jesus hat von Frauen und aus dem Umgang mit ihnen seine wesentlichen ethischen Lehren bezogen und weibliches Verhalten Männern als Vorbild gegeben. Frauen, so die Schlußfolgerung, sollen in der Kirche nicht gehorchen, sondern verkündigen.

Christa Mulack · Maria
Die geheime Göttin im Christentum
246 Seiten, kartoniert · ISBN 3-7831-0797-0 · Buchreihe »Symbole«

Die Autorin zeigt auf, warum Maria in der christlichen Geschichte eine so bedeutsame Rolle gespielt hat und spielt: In ihr setzte sich immer neu die weibliche Göttin der frühen Zeit durch, die nie ausgeschaltet werden konnte. Besondere Aufmerksamkeit widmet die Autorin der Frage, warum viele Frauen Maria heute ablehnen und welche neuen Zugänge zu ihr aus feministischer Sicht erschlossen werden können.

Christa Mulack · Die Weiblichkeit Gottes
Matriarchale Voraussetzungen des Gottesbildes
367 Seiten, kartoniert · ISBN 3-7831-0701-6

So wie nur Mann und Frau gemeinsam den Menschen abgeben, kann auch das Göttliche nur aus einer polaren Einheit von Männlichem und Weiblichem bestehen. Bisher hat sich die Theologie kaum nennenswert mit der Weiblichkeit im Gottesbild auseinandergesetzt. Mit wissenschaftlichem Eifer geht die Autorin der weiblichen Gestalt der Sophia, der Weisheit, nach und zeigt, wie sich Jesus mit Sophia identifizierte.

Kreuz Verlag